区域经济系统的灰色理论建模与分析

孟伟　曾波　著

中国财经出版传媒集团
经济科学出版社
Economic Science Press

图书在版编目（CIP）数据

区域经济系统的灰色理论建模与分析/孟伟，曾波著．—北京：经济科学出版社，2020.1

ISBN 978－7－5218－1222－0

Ⅰ.①区… Ⅱ.①孟…②曾… Ⅲ.①灰色系统理论－应用－区域经济－经济分析－系统建模－四川 Ⅳ.①F127.7

中国版本图书馆CIP数据核字（2020）第021335号

责任编辑：李 雪
责任校对：郑淑艳
责任印制：邱 天

区域经济系统的灰色理论建模与分析

孟 伟 曾 波 著

经济科学出版社出版、发行 新华书店经销

社址：北京市海淀区阜成路甲28号 邮编：100142

总编部电话：010－88191217 发行部电话：010－88191522

网址：www.esp.com.cn

电子邮件：esp@esp.com.cn

天猫网店：经济科学出版社旗舰店

网址：http://jjkxcbs.tmall.com

固安华明印业有限公司印装

710×1000 16开 14.75印张 180000字

2020年3月第1版 2020年3月第1次印刷

ISBN 978－7－5218－1222－0 定价：58.00元

前　言

灰色系统理论作为中国本土原创学科，自20世纪80年代由华中科技大学（原华中工学院1952～1988年、华中理工大学1988～2000年）邓聚龙教授开创以来，理论基础逐步完善，方法体系日益丰富，已形成以灰色代数系统、灰色方程、灰色矩阵等为基础的理论体系，以灰色序列生成为基础的方法体系，以灰色关联空间为依托的分析体系，以灰色模型为核心的模型体系，以系统分析、评估、建模、预测、决策、控制、优化为主体的技术体系。灰色系统理论以“部分信息已知，部分信息未知”的“小样本”“贫信息”不确定性系统为研究对象，主要通过对“部分”已知信息的生成、开发，提取有价值的信息，实现对系统运行行为、演化规律的正确描述与有效监控，广泛应用于社会、经济、工程等领域，取得一大批高水平理论研究与实践应用成果。

本书是作者对灰色系统理论MATLAB建模软件逐步完善的阶段性总结，也是对全国八大经济区域应用灰色系统理论进行建模与分析的积极探索。第一作者孟伟博士于1997～2004年在华中理工大学（华中科技大学）就读本科与硕士期间，多次从校报与校园广播等渠道关注到邓聚龙教授与灰色系统理论，2009年7月开始学习灰色系统理论，在2009年10月开发完成第一版《灰色系统理论 MATLAB 建模软件》（软件著作权编号：2010SR015134）。后有幸自 2010 年 4 月起师从南京航空航天大学刘思峰教授系统学习灰色系统理论，完成《基于分数阶拓展算子的灰色预测模型》博士学位论文，并出版学术专著《分数阶算子与灰色预测模型研究》，申请软件著作权《分数阶算子灰色预测模型软件》（软件著作权编号：2017SR002905）。第二作者曾波博士于 2009～2012 年师从刘思峰教授研究灰色系统理论，先后主持 2 项国家自然科学基金面上项目和 1 项中国博士后基金特别资助等项目，发表数十篇 SCI、EI 收录论文，开发了《基于 Visual C#的灰色系统建模软件》（软件著作权编号：2011SR025167）。该软件在设计时注重系统的可靠性、实用性、兼容性、扩充性、精确性以及操作界面的易用性及美观性，具有模块分类科学、数据录入方便、运算过程可导出、计算结果精度可设置、系统操作简便、易于应用等优点，已有用户量数以万计，是目前灰色系统建模领域最主流的应用软件，可在南京航空航天大学灰色系统研究所网站（http：//igss. nuaa. edu. cn/）免费下载与使用。

本书由孟伟、曾波合著。孟伟与曾波两位博士要特别感谢恩师刘思峰教授的亲切关怀与悉心指导，带领弟子们进入灰色系统研究领域，谨表示衷心感谢。本书得到重庆工商大学工商管理一流学科建设项目（重庆工商大学企业管理研究中心）、国家自然科学基金项目（71771033）、中国博士后科学基金项目（2018M643442）、重庆市自然科学基金项目（cstc2019jcyj－msxmX0767、cstc2019jcyj－msxmX0003）、重庆市技术预见与制度创新项目（cstc2019jsyj－zzysbA0051）、重庆市社科规划项目（2018YBJJ028）、重庆市教委人文社科重点项目（19SKGH075）、重庆市教委科学技术研究计划项目

（KJQN201900801）、重庆市教委科学技术研究计划项目（KJQN201900801）等项目与商务策划学院、重庆现代商贸物流与供应链协同创新中心、电子商务及供应链系统重庆市重点实验室等机构资助，表示感谢。

由于作者水平有限，书中难免有不妥之处，敬请各位专家与读者批评指正。

目　　录

第一章

导　　论

中华人民共和国成立以来，党中央、国务院高度重视区域经济与社会发展，立足发挥各地区比较优势与缩小区域发展差距，做出一系列重大决策部署，统筹推进西部开发、东北振兴、中部崛起与东部率先发展战略，区域发展取得重大成就。党的十八大以来，“一带一路”建设、京津冀协同发展、长江经济带发展、粤港澳大湾区建设等重大区域战略稳步推进，区域板块之间融合互动，区域发展协调性持续增强，形成了区域协调发展新格局（国家统计局，2019）。

第一节　区域经济系统概述

区域经济系统又称空间经济系统（spatial economic systems），是指在一定地域范围内各种经济活动有机组合的统一体。由于区域经济包括区域生产、流通、分配与消费等主要领域，区域经济系统具有明显的群体性、关联性、层次性、整体性、开放性与动态性特征。不同地域的经济系统，由于其发展条件、组成结构的不同，具有不同的职能组合结构，从而构成一系列规模不等、职能各异、相互制约的有机整体。

国务院发展研究中心发展战略和区域经济研究部（2002）综合分析全国区域经济发展背景、现状与发展趋势，发布《中国（大陆）区域社会经济发展特征分析》研究报告，根据中国区域发展的新格局，以城市群为基础和核心，将中国31个（不含香港、澳门、台湾）省、自治区、直辖市划分为"八大经济区域"（简称"八大经济区域"），该划分方法被国家统计局采纳作为国家统计局国家数据网站的分区选项。八大经济区域名称、范围、面积、人口、地区生产总值等基本信息如表1-1所示。

表1-1　"八大经济区域"划分方法

序号	经济区域名称	包含省、自治区、直辖市	2018年面积（万平方公里）	2018年末常住人口（亿人）	2018年地区生产总值（万亿元）
1	东北地区	辽宁、吉林、黑龙江	79	1.084	5.675
2	北部沿海地区	北京、天津、河北、山东	37	2.132	16.161
3	东部沿海地区	上海、江苏、浙江	21	1.621	18.147
4	南部沿海地区	福建、广东、海南	33	1.622	13.791
5	黄河中游地区	陕西、山西、河南、内蒙古	160	1.972	10.660
6	长江中游地区	湖北、湖南、江西、安徽	68	2.379	12.778

续表

序号	经济区域名称	包含省、自治区、直辖市	2018 年面积（万平方公里）	2018 年末常住人口（亿人）	2018 年地区生产总值（万亿元）
7	西南地区	云南、贵州、四川、重庆、广西	134	2. 480	11. 408
8	大西北地区	甘肃、青海、宁夏、西藏、新疆	398	0. 676	2. 849

资料来源：经济区域划分以国家统计局网站《国家数据》的“八大经济区域”为标准。常住人口与地区生产总值数据来自国家统计局《国家数据 - 年度数据》，http：//data. stats. gov. cn/easyquery. htm？ cn = C01。

第二节　文 献 综 述

中国学者邓聚龙教授（1982）在 20 世纪 80 年代创立了灰色系统理论（grey system theory，英文缩写为 GST 或 GS），该理论与模糊数学、粗糙集理论、未确知数学均是不确定性系统的代表性理论。灰色系统理论自提出以来，在基础理论、方法模型与实践应用取得了丰富的研究成果，在经济领域的应用非常活跃。

一、区域经济系统预测

邓聚龙（1984）提出将社会、经济、农业、生态等许多抽象系统按五步建模建立系统动态的量化模型，通过生成数从杂乱无章的数据中找出规律，为社会、经济、生态、农业等领域抽象系统的研究开辟了一条新途径。姜忠孝（1988）应用 GM（1，1）模型预测和研究产业结构。毛宝俤（1988）将灰色系统理论用于人口预测。聂宏声（1989）运用灰色多元聚类数学模型对山西省农村经济类型进行了划分，对各类型区的农村经济主要指标，建立了灰色动态 GM（1，1）模型，预测山西省农村经济。王建林（1989）用 GM（1，1）模型预测宜宾地区粮食产量。王学萌（1993）建立了经济增长灰色动态模型，用于分析经济周期。华如兴（2001）应用 GM（1，1）模型预测新疆生产建设兵团的棉花产量增长趋势。寇铁军（2001）运用灰色系统理论建立 GM（1，1）预测模型，并将其与拓展的线性二次移动平均方法联合运用，对具体税种收入进行预测分析。苏文利（2003）采用神经网络和灰色预测法等方法预测城市用水量。尹春华（2003）利用二阶弱化算子对我国能源消费进行了短期预测，重点分析了在我国传统能源结构中占重要地位的原煤、原油、天然气及水电的短期消费情况。卢奇（2003）采用标准差法进行权重分配，建立了灰色预测、神经网络及多元回归方法的组合预测模型，预测我国能源消费。张大海（2004）结合人工神经网络和灰色预测方法，提出串联灰色神经网络预测方法，用于预测中长期电力负荷。门可佩（2004）以年净增人口值建立了灰色动态预测模型，预测中国未来 50 年人口规模。梁仕莹（2008）利用三次抛物线模型、灰色预测模型以及组合预测方法，预测全国粮食产量。施红星（2008）提出了周期关联度模型，研究国内生产总值与居民消费间的周期关联性。楚岩枫（2008）应用 GM（1，1）模型预测我国货运量，为国家规划物流产业和制定物流政策提供决策依据。曾波（2009）建立因变量的 GM（1，1）预测模型预测中国国内生产总值。王宇熹（2010）结合人口精算学递推和灰色动态 GM（1，1）

模型，对上海城镇养老保险人口进行分类预测。郭红莲（2012）综合运用 Markov SCGM（1，1）_C 模型，预测北京市知识密集型服务业增加值。章杰宽（2013）提出一种经过优化的灰色神经网络模型用于旅游需求预测。刘贞（2014）应用灰色预测模型，研究产业结构优化对电力行业碳减排的影响。张可（2015）针对多变量灰色模型存在驱动因素机制不明确和缺乏驱动项引入规则的问题，引入时滞项控制驱动因素构造一种新的多变量离散灰色模型，测算我国农村水环境与农村区域发展的滞后效应。李翀（2019）针对带有时滞效应的小样本数据序列预测模型通常假设时滞期为固定值，忽略了时滞值动态变化对模型效果的影响，建立了 GM（1，1 | τ，r）模型，用于预测福建省全省沿海港口货物吞吐量。

二、区域经济系统关联分析

崔玉泉（2000）利用灰色关联理论，分析产业结构变动对经济增长的影响，并从产业结构本身的变化情况出发分析了产业结构变化对经济增长的影响。吴隽（2002）提出了递阶多层次灰色评价方法，评价电子商务经济增长发展水平。孙静（2003）用灰色系统关联分析方法，测算了北京市旅游产业及三个主要旅游行业经济要素对收益的关联序，找出了各行业发展的关键因素和优势因素。苗丽安（2003）应用灰色系统理论中关联分析方法和 GM（1，1）预测模型，对山东省农村产业结构现状进行了关联分析，并且对其发展趋势进行了预测和趋势关联分析。邓莉（2005）采用灰色理论中的关联分析法，研究重庆农村金融与农村经济发展之间的关系。罗勇

(2005) 利用灰关联理论中的灰关联矩阵方法对三次产业间的相互影响程度进行测定。赵玉林 (2006) 运用灰色关联分析方法，从我国高技术产业总体、高技术产业各部门以及各地区高技术产业发展三个层面，对高技术产业发展对我国经济增长的带动作用进行实证分析。石明明 (2009) 应用灰色关联方法，对流通产业与国民经济三次产业的关系进行了动态分析。赵景峰 (2011) 采用灰色关联分析法，对我国高新技术企业创新文化特征与创业绩效之间的关系进行了实证研究。王明霞 (2011) 综合灰色关联分析与统计相关分析，提出综合关联分析算法，分析道路交通安全与社会经济等宏观因素的关联关系。齐志强 (2011) 利用灰色关联分析方法定量分析中国制造业各部门与工业经济整体增长的关联度。唐恒 (2011) 选择专利授权率、发明专利授权量、专利有效累计量等 10 个专利表征指标，基于面板数据，采用灰色关联分析法定量研究了这些指标与科技进步的关联性。苏屹 (2012) 应用灰色关联分析法、线性回归分析和非径向 DEA 模型，对广东省的经济增长和核能发展之间的关系进行实证研究。漆艳茹 (2013) 应用 B 型灰色关联度模型分析，通过专利影响因素分析区域创新能力。田剑英 (2013) 通过灰色关联模型分析民间资本金融深化与农村经济发展的关系。刘格 (2014) 运用灰色关联度的分析方法研究新疆向西开放与经济增长的关系。董奋义 (2015) 将拓展型索洛余值法和灰色关联度结合起来，研究投入要素的弹性系数。郑岩岩 (2016) 建立灰色马尔可夫 (GMM) 和时间序列模型，对中国利用 FDI 的趋势进行预测。赵迎军 (2016) 以灰色相对关联度为工具，结合我国 1978 ~ 2014 年粮食价格波动指数，粮食产量增长、人口数和第一产业比重等数据，揭示民工“流动”与粮食价格波动的内在关系。李海超（2019）运用灰色关联分析的方法，从高技术产业各部门的角度分析了长三角城市群、珠三角城市群和环渤海城市群高技术产业对经济增长的关联程度，进而分析了三大城市群高技术产业整体和高技术产业各部门对经济增长的贡献程度。

三、区域经济系统综合评价

王学萌（1991）建立了农村经济的灰评估模型。冯玉国（1992）提出用灰色聚类进行水质污染综合评价的方法。王学萌（1992）建立了我国农业持续、稳定、协调发展的灰色评估模型。罗庆成（1994）建立了农业综合生产力的多层次灰关联评估模型。孙见荆（1996）建立了灰色系统协调模型，研究区域科技、经济和社会三者之间的协调关系。冉茂盛（1997）在分析物价上涨影响因素的基础上，提出适合预测物价上涨问题的灰色模型，并以1995年的物价变化趋势为例进行了预测。熊健（1997）应用灰色关联分析方法研究了我国耕地水灌溉与粮食产量的关系。吴玉鸣（1998）运用灰色系统理论中定量的灰色关联动态分析法，研究中国粮食生产主要影响因素。高宏（1999）建立了黄河系统科技活动绩效评价指标体系，提出了基于灰色理论和层次分析方法的黄河系统科技活动绩效评估模型。黄世祥（2001）从系统的投入产出表出发，把灰色系统理论中的关联分析融入系统评价的层次分析之中，对系统的构成要素进行研究。钱金平（2001）应用灰色系统理论，提出新的人口素质灰色综合评价方法。张文红（2003）确定了农业生态环境质量评价的指标体系，提出了应用层次灰色分析法评价农业生态环境质量的方法步骤，农业生态环境质量的等级划分，并开发了相应的综合评价支持系统。曹庆奎（2004）提出了基于多层次灰色理论的工业企业活力综合评价模型。黄兴国（2004）以主成分分析方法建立城市主导特色评价体系，以回归模型与灰色模型分析城市特色演变轨迹及城市新特色的形成和发展。刘新卫（2005）选建了农业生态环境质量评价指标体系，应用基于三角白化权函数的灰色聚类评估方法，全面评价了位于长江三角洲地区的常熟市农业生态环境质量状况。季玉群（2005）利用灰色理论，建立了旅游业经济特性和文化特性之间的量化评价模型。周茂荣（2005）从出口贸易的社会经济效益和生态效益角度创建测度出口可持续发展水平的分层评价指标体系，并利用灰色关联分析方法建立出口贸易可持续发展水平时序评价模型。蒋栋（2009）利用灰色关联度分析政策对企业创新的影响，总结自主创新科技政策实施的基本特点。王立成（2010）对沿海三大经济区域经济增长与科技投入做了灰色关联度分析。王英（2010）运用灰色关联理论分阶段实证分析了不同影响因素和地区经济发展差距之间的关系。殷克东（2009）应用熵值法、灰色关联分析、PCA、AHP 等方法构建了我国海洋科技实力测度模型，并进行综合分析。迟国泰（2010）构建了社会综合评价指标体系，利用三角白化权函数理论建立了基于灰色聚类的社会综合评价模型。李舒翔（2013）应用超效率 DEA 模型对灰色关联模型进行改进，构建超效率 DEA—灰色关联模型，研究福建省信息产业与先进制造业的关联性。李丽纯（2013）从收益—成本维度构建农业现代化效益水平评价指标体系，应用灰色优势分析方法，研究中国农业现代化的效益水平。李廉水（2014）运用FAHP—熵权组合赋权的灰色关联投影法综合评价模型，对我国东、中、西部地区制造业综合发展能力进行纵向和横向评价。汪晓梦（2014）运用相关性分析和灰色关联度方法，对合肥市技术创新政策绩效进行评价。李海东（2014）结合TOPSIS思想和灰色关联理论对距离协同模型进行改进，构建了新的区域协同发展程度评价方法，用于研究皖江城市带的整体协同发展度。王文举（2015）选取产值能耗强度、能耗碳排放强度和产值碳排放强度等三个基础指标，运用灰色关联度分析方法和距离协调度模型，构建了发展度指数、协调度指数和协调发展度指数等三个成熟度测度指数，研究中国工业碳减排成熟度。王吉发（2016）运用灰色层次分析法构建了产业金融效益的综合评价指标体系，对产业金融做综合评价。吕晓菲（2016）构建了以社会经济、资源环境、生活质量为基础系统，以政策支持为交互系统的资源型城市绿色增长评价模型，以2000～2013年17个典型资源型城市为研究对象，运用三角模糊熵组合赋权的灰色关联投影方法测算绿色增长指数，进行绿色增长能力评价。武春友（2017）通过对比分析国内外较具代表性的绿色增长评价指标体系，构建中国绿色增长系统的评价指标体系，结合TOPSIS与灰色关联理论构建区域绿色增长系统的评价模型。张可（2017）采用多变量离散灰色模型构建减排量测度方法，研究农村水环境政策减排效应及其空间分异性。朱明皓（2017）运用因子分析、熵权法和灰色综合评价法，从整体效果、经济效益、技术投入、技术产出方面对中国汽车产业技术创新政策效果进行实证研究。赵磊（2019）结合TOPSIS方法与灰色关联理论对2004～2015年中国省际新型城镇化发展水平进行综合测度，并分析其分布动态与驱动机制。

综上所述，灰色系统理论广泛应用于区域经济系统分析，在经济数据预测、经济关联分析、综合评价等方面取得丰富的研究成果，但还缺少针对八大经济区域的系统研究，本专著将丰富该领域的研究成果。

第三节　内 容 体 系

全书以八大经济区域为研究对象，以灰色系统理论为研究方法，分为导论、方法模型、综合应用三大部分，共 16 个方法模型、19 个实例、9 个综合应用，内容体系框架如图 1 - 1 所示。

第一章是导论。简要介绍研究对象与内容体系。

第二章是灰色系统理论基本方法。主要包括累加生成算子、累减生成算子、强化缓冲算子、弱化缓冲算子等灰生成方法，GM（1，1）、DGM（1，1）等灰建模方法，灰色关联度、绝对关联度、灰靶决策等灰决策方法。每一个方法模型均给出了详细的建模方法，通过实例给出求解步骤，列出完整的 Matlab 程序代码。

第三章是分数阶灰色预测模型。主要包括分数阶算子理论、分数阶算子 GM（1，1）模型与分数阶算子 DGM（1，1）模型。每一个模型均给出了详细的建模方法，通过实例给出求解步骤，列出完整的 Matlab 程序代码。

第四章是区域经济系统预测。围绕区域经济系统最重要的地区生产总值、常住人口规模、社会消费品零售总额、用电量等指标，应用灰色预测模型进行预测，并分析各指标数据变化趋势与比重变化趋势。

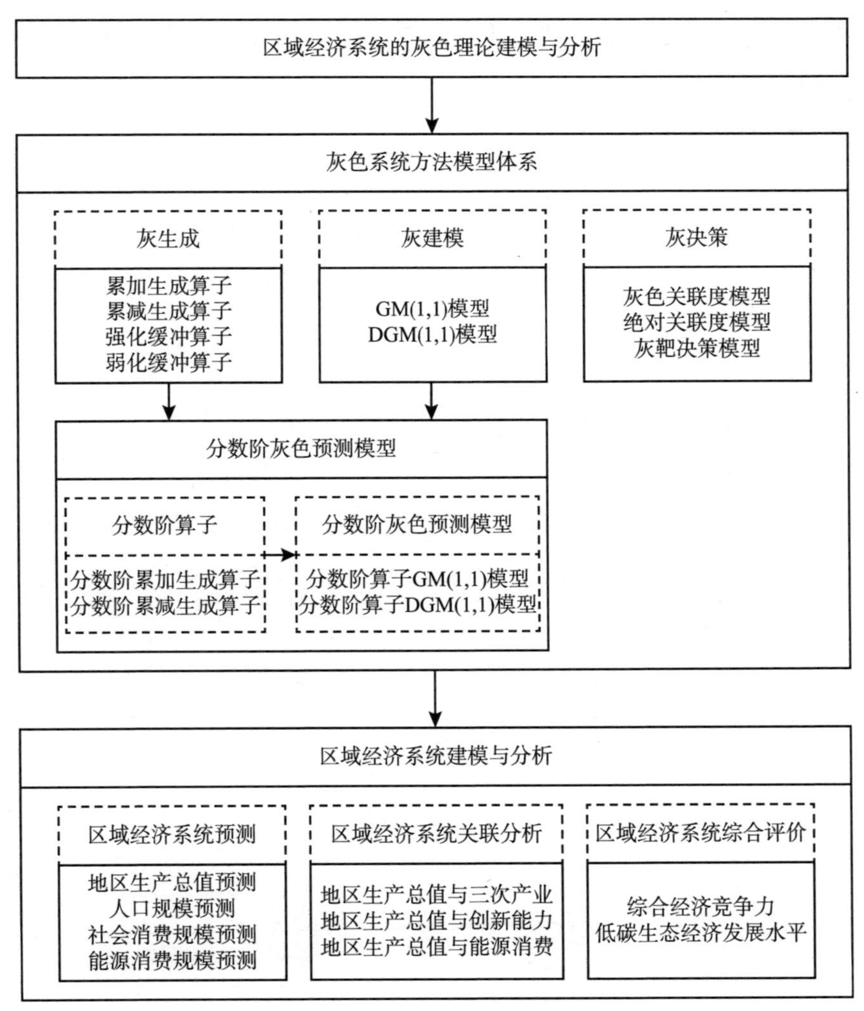

图1-1 全书内容体系

第五章是区域经济系统关联分析。主要围绕与地区生产总值密切相关的各次产业增加值、创新能力、能源消费等指标，应用灰色关联度模型进行分析，研究各指标间关系。

第六章是区域经济系统综合评价。重点围绕综合经济竞争力、低碳生态经济发展水平两大主题，设计指标体系与权重，应用加权灰靶决策模型，分析八大经济区域的综合经济竞争力与低碳生态经济发展水平及趋势。

第四节　本章小结

本章介绍了八大经济区域划分方法，包括东北地区、北部沿海地区、东部沿海地区、南部沿海地区、黄河中游地区、长江中游地区、西南地区、大西北地区作为研究对象，灰色系统理论作为研究方法，概述了全书内容体系。

第二章

灰色系统理论基本方法

灰色系统理论主要包括灰生成（grey generating，GG）、灰关联分析（grey relational analysis，GRA）、灰建模（grey modeling，GM）、灰控制（grey controlling，GC）、灰预测（grey forecasting，GF）、灰评估（grey assessment，GA）、灰数学（grey mathematics，GM）等方法内容体系。在区域经济系统分析中，主要用到灰生成、灰建模、灰决策三大类灰色方法。其中，灰生成包括累加（累减）算子、缓冲算子等，灰建模包括 GM（1，1）、DGM（1，1）等灰色预测模型，灰决策包括灰色关联度模型、灰色聚类模型、灰靶决策模型等。

第一节　灰生成方法

灰色系统理论的主要任务之一，就是根据社会、经济、生态等系统的行为特征数据，寻找不同系统变量之间或某些系统变量自身的数学关系与变化规律。灰色系统理论认为任何随机过程都是在一定幅值范围和一定时区内变化的灰色量，并把随机过程看成是灰色过程。

灰色系统是通过对原始数据的挖掘、整理来寻求其变化规律的，这是一种就数据寻找数据的现实规律的途径，我们称其为灰色序列生成。灰色系统理论认为，尽管客观系统表象复杂，数据离乱，但它总是有整体功能的，因此必然蕴含某种内在规律。关键在于如何选择适当的方式去挖掘它和利用它。一切灰色序列都能通过某种生成弱化其随机性，显现其规律性。

一、累加与累减生成算子

（一）累加生成算子

定义 2.1 设 $X^{(0)}=(x^{(0)}(1), x^{(0)}(2), \cdots, x^{(0)}(n))$ 为原始序列，D 为序列算子，$X^{(0)}D=(x^{(0)}(1)d, x^{(0)}(2)d, \cdots, x^{(0)}(n)d)$，其中，

$$x^{(1)}(k)=x^{(0)}(k)d=\sum_{i=1}^{k}x^{(0)}(i), k=1, 2, \cdots, n \quad (2.1)$$

则称 D 为 $X^{(0)}$ 的一次累加生成算子（邓聚龙，1984），记为 1 - AGO（accumulating generation operator）。

例 2.1 设 2014 ~2018 年全国国内生产总值①为原始序列（单位：万亿元），即：

$$X=(64.21, 68.34, 73.71, 82.01, 89.69)$$

① 全书各项统计数据均来自国家统计局网站《国家数据》，网址 http://data.stats.gov.cn/；全国总数据（如全国国内生产总值）均未包括香港特别行政区、澳门特别行政区和台湾地区；各经济区域按所包含省、自治区、直辖市汇总。

$$
\begin{aligned}
x^{(1)}(1) &= \sum_{i=1}^{1} x^{(0)}(i) \\
&= x^{(0)}(1) \\
&= 64.21
\end{aligned}
$$

$$
\begin{aligned}
x^{(1)}(2) &= \sum_{i=1}^{2} x^{(0)}(i) \\
&= x^{(0)}(1) + x^{(0)}(2) \\
&= 64.21 + 68.34 \\
&= 132.55
\end{aligned}
$$

$$
\begin{aligned}
x^{(1)}(3) &= \sum_{i=1}^{3} x^{(0)}(i) \\
&= x(1) + x(2) + x(3) \\
&= 64.21 + 68.34 + 73.71 \\
&= 206.26
\end{aligned}
$$

$$
\begin{aligned}
x^{(1)}(4) &= \sum_{i=1}^{4} x^{(0)}(i) \\
&= x^{(0)}(1) + x^{(0)}(2) + x^{(0)}(3) + x^{(0)}(4) \\
&= 64.21 + 68.34 + 73.71 + 82.01 \\
&= 288.27
\end{aligned}
$$

$$
\begin{aligned}
x^{(1)}(5) &= \sum_{i=1}^{5} x^{(0)}(i) \\
&= x^{(0)}(1) + x^{(0)}(2) + x^{(0)}(3) + x^{(0)}(4) + x^{(0)}(5) \\
&= 64.21 + 68.34 + 73.71 + 82.01 + 89.69 \\
&= 377.96
\end{aligned}
$$

因此，序列 X 的一次累加生成序列为 $XD=(64.21, 132.55, 206.26, 288.27, 377.96)$。

一次累加生成算子 Matlab 程序代码如程序 2－1 所示，程序运行结果画面如图 2－1 所示。

```
% ************************************************************
%   程序编号:程序 2-1
%   程序名称:ago1.m,一次累加生成算子。
%   程序功能:计算初始序列的一次累加生成序列。
% ************************************************************
clear all;
X = input('请输入原始序列(格式为[64.21 68.34 73.71 82.01 89.69])\n:');
n = numel(X);
for k = 1:n;
    tmp = 0;
    for j = 1:k;
        tmp = tmp + X(j);
    end;
    XD(k) = tmp;
end;
clc;
disp('输入的初始序列为:');
disp(X);
disp('经一次累加生成算子(1-AGO)变换后的序列为:');
disp(XD);
```

（二）累减生成算子

定义 2.2 设 $X^{(0)}=(x^{(0)}(1),\ x^{(0)}(2),\ \cdots,\ x^{(0)}(n))$ 为原始序列，D 为序列算子，$X^{(0)}D=(x^{(0)}(1)d,\ x^{(0)}(2)d,\ \cdots,\ x^{(0)}(n)d)$，若：

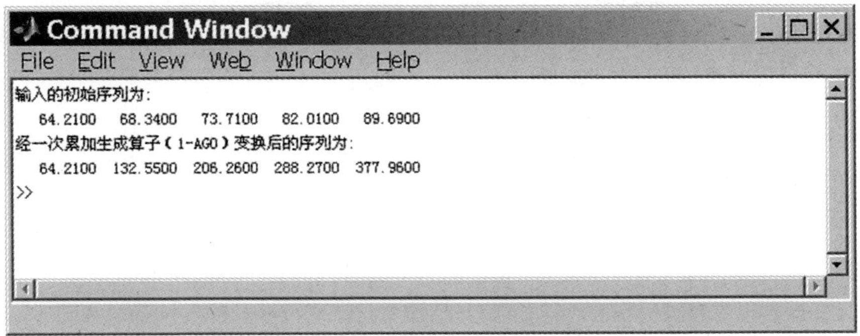

图 2-1　1-AGO 算子计算结果

$$\begin{cases} x^{(-1)}(k) = x^{(0)}(k)d = x^{(0)}(k) - x^{(0)}(k-1),\ k = 2,\ \cdots,\ n \\ x^{(-1)}(1) = x^{(0)}(1)d = x^{(0)}(1) \end{cases} \tag{2.2}$$

则称 D 为 $X^{(0)}$ 的一阶累减生成算子（邓聚龙，1984），记为 1-RGO（reducing generation operator）。

例 2.2　设 2014～2018 年全国国内生产总值为原始序列（单位：万亿元），即：

$$X = (64.21,\ 68.34,\ 73.71,\ 82.01,\ 89.69)$$

按一次累减生成算子定义 2.2 有，

$$\begin{aligned} x^{(-1)}(1) &= x^{(0)}(1) \\ &= 64.21 \\ x^{(-1)}(2) &= x^{(0)}(k) - x^{(0)}(k-1) \\ &= x^{(0)}(2) - x^{(0)}(1) \\ &= 68.34 - 64.21 \\ &= 4.13 \\ x^{(-1)}(3) &= x^{(0)}(3) - x^{(0)}(2) \\ &= 73.71 - 68.34 \end{aligned}$$

$$
\begin{aligned}
&= 5.37 \\
x^{(-1)}(4) &= x^{(0)}(4) - x^{(0)}(3) \\
&= 82.01 - 73.71 \\
&= 8.3 \\
x^{(-1)}(5) &= x^{(0)}(5) - x^{(0)}(4) \\
&= 89.69 - 82.01 \\
&= 7.68
\end{aligned}
$$

因此，序列 X 的一次累减生成序列为 $XD = (64.21, 4.13, 5.37, 8.3, 7.68)$。

一次累减生成算子 Matlab 程序代码如程序 2－2 所示，程序运行结果画面如图 2－2 所示。

```
% ************************************************************
%   程序编号:程序 2-2
%   程序名称:rgo1.m,一次累减生成算子。
%   程序功能:计算初始序列的一次累减生成序列。
% ************************************************************
clear all;
X = input('请输入原始序列(格式为[64.21 68.34 73.71 82.01 89.69])\n:');
n = numel(X);
XD(1) = X(1);
for k = 2:n;
    XD(k) = X(k) - X(k-1);
end;
clc;
disp('输入的初始序列为:');
```

```
disp(X);
disp('经一次累减生成算子(1 - RGO)变换后的序列为:');
disp(XD);
```

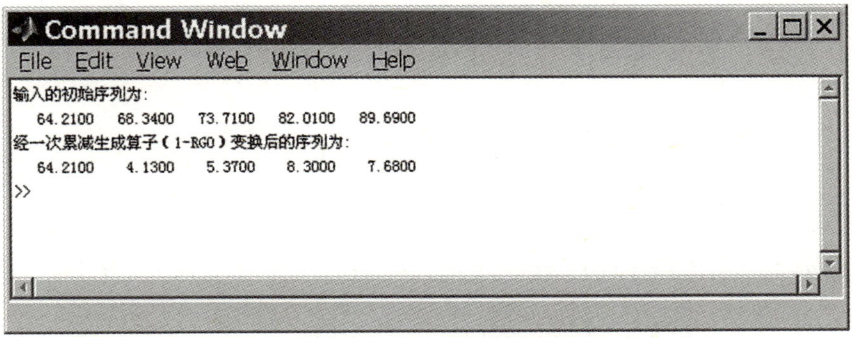

Command Window
File Edit View Web Window Help
输入的初始序列为:
64.2100 68.3400 73.7100 82.0100 89.6900
经一次累减生成算子（1-RGO）变换后的序列为:
64.2100 4.1300 5.3700 8.3000 7.6800
>>

图 2 – 2　1 – RGO 算子计算结果

原始数据序列 $X=(64.21, 68.34, 73.71, 82.01, 89.69)$ 的累加生成序列与累减生成序列折线如图 2 – 3 所示。从图 2 – 3 可知，

国内生产总值（万亿元）
400
350
300
250
200
150
100
50
0
1
2
3
4
5
k
原始序列
1-AGO序列
1-RGO序列

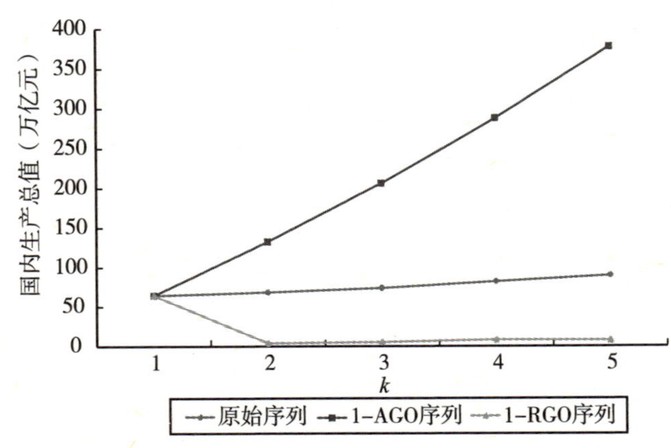

图 2 – 3　累加与累减生成算子生成数据序列折线

累加生成序列具有指数趋势，表明原始数据序列经过一阶累加生成后，满足近似指数规律；累减生成序列除开第一个数据，后续数据更加平稳，其含义是增量，即一阶累减生成序列是原始数据序列的增量值，增速具有平稳性。

二、弱化缓冲算子

（一）平均弱化缓冲算子

定义 2.3 设原始数据序列 $X=(x(1), x(2), x(3), \cdots, x(n))$，令 $XD=(x(1)d, x(2)d, x(3)d, \cdots, x(n)d)$，其中：

$$x(k)d=\frac{1}{n-k+1}[x(k)+x(k+1)+\cdots+x(n)],$$

$$k=1, 2, \cdots, n \tag{2.3}$$

则当 X 为单调增长序列、单调衰减序列或振荡序列时，D 皆为弱化缓冲算子（刘思峰，1997）。称 D 为平均弱化缓冲算子（average weakening buffer operator，AWBO）。

例 2.3 设 2014 ~ 2018 年全国国内生产总值为原始序列（单位：万亿元），即：

$$X=(64.21, 68.34, 73.71, 82.01, 89.69)$$

$n=5$，按平均弱化缓冲算子定义 2.3 有，

$$\begin{aligned} x(1)d &= \frac{1}{n-k+1}[x(k)+x(k+1)+\cdots+x(n)] \\ &= \frac{1}{5}[x(1)+x(2)+x(3)+x(4)+x(5)] \\ &= \frac{1}{5}[64.21+68.34+73.71+82.01+89.69] \end{aligned}$$

$$=75.592$$

$$x(2)d=\frac{1}{4}[x(2)+x(3)+x(4)+x(5)]$$

$$=\frac{1}{4}[68.34+73.71+82.01+89.69]$$

$$=78.438$$

$$x(3)d=\frac{1}{3}[x(3)+x(4)+x(5)]$$

$$=\frac{1}{3}[73.71+82.01+89.69]$$

$$=81.803$$

$$x(4)d=\frac{1}{2}[x(4)+x(5)]$$

$$=\frac{1}{2}[82.01+89.69]$$

$$=85.85$$

$$x(5)d=x(5)$$

$$=89.69$$

因此，序列 X 的平均弱化缓冲序列为 $XD=(75.592,\ 78.438,\ 81.803,\ 85.85,\ 89.69)$。

平均弱化缓冲算子 Matlab 程序代码如程序 2 - 3 所示，程序运行结果画面如图 2 - 4 所示。

```
% ************************************************************
%   程序编号:程序 2 - 3
%   程序名称:awbo. m,平均弱化缓冲算子。
%   程序功能:计算初始序列的平均弱化缓冲序列。
```

```
% ***************************************************************
clear all;
X = input('请输入原始序列(格式为[64.21 68.34 73.71 82.01 89.69])\n:');
n = numel(X);
for k = 1:n;
    tmp = 0;
    for j = k:n;
        tmp = tmp + X(j);
    end;
    XD(k) = tmp/(n - k + 1);
end;
clc;
disp('输入的初始序列为:');
disp(X);
disp('经平均弱化缓冲算子(AWBO)变换后的序列为:');
disp(XD);
```

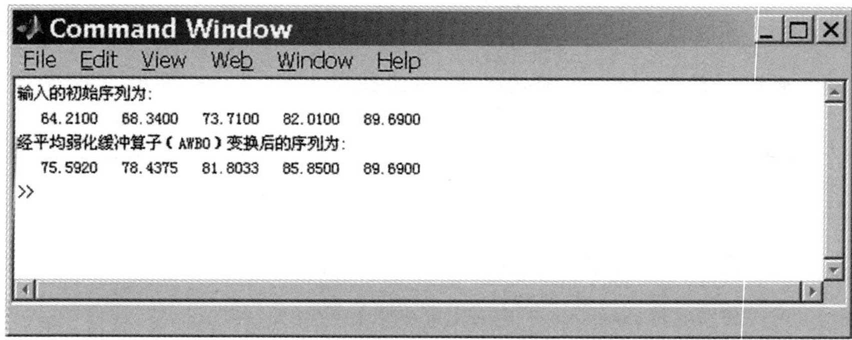

图 2-4　AWBO 算子计算结果

（二）加权平均弱化缓冲算子

定义 2.4　设原始数据序列 $X=(x(1),x(2),x(3),\cdots,x(n))$，令 $XD=(x(1)d,x(2)d,x(3)d,\cdots,x(n)d)$，其中，

$$x(k)d=\frac{kx(k)+(k+1)x(k+1)+\cdots+nx(n)}{\frac{(n+k)(n-k+1)}{2}},$$

$$k=1,2,\cdots,n \tag{2.4}$$

则当 X 为单调增长序列、单调衰减序列或振荡序列时，D 皆为弱化缓冲算子（刘思峰，1997）。称 D 为加权平均弱化缓冲算子（weighted average weakening buffer operator，WAWBO）。

例 2.4　设 2014～2018 年全国国内生产总值为原始序列（单位：万亿元），即：

$$X=(64.21,68.34,73.71,82.01,89.69)$$

$n=5$，按加权平均弱化缓冲算子定义 2.4 有，

$$x(1)d=\frac{kx(k)+(k+1)x(k+1)+\cdots+nx(n)}{\frac{(n+k)(n-k+1)}{2}}$$

$$=\frac{kx(k)+(k+1)x(k+1)+\cdots+5x(5)}{\frac{(5+k)(6-k)}{2}}$$

$$=\frac{1\times64.21+2\times68.34+3\times73.71+4\times82.01+5\times89.69}{\frac{(5+1)\times(6-1)}{2}}$$

$$=79.90$$

$$x(2)d=\frac{kx(k)+(k+1)x(k+1)+\cdots+5x(5)}{\frac{(5+k)(6-k)}{2}}$$

$$=\frac{2\times68.34+3\times73.71+4\times82.01+5\times89.69}{\frac{(5+2)\times(6-2)}{2}}$$

$$= 81.021$$

$$x(3)d = \frac{3 \times 73.71 + 4 \times 82.01 + 5 \times 89.69}{\frac{(5+3) \times (6-3)}{2}}$$

$$= 83.135$$

$$x(4)d = \frac{4 \times 82.01 + 5 \times 89.69}{\frac{(5+4) \times (6-4)}{2}}$$

$$= 86.277$$

$$x(5)d = \frac{5 \times 89.69}{\frac{(5+5) \times (6-5)}{2}}$$

$$= 89.69$$

因此，序列 X 的加权平均弱化缓冲序列为 XD = (79.901，81.021，83.135，86.277，89.69)。

加权平均弱化缓冲算子 Matlab 程序代码如程序 2－4 所示，程序运行结果画面如图 2－5 所示。

```
% ***********************************************************
%   程序编号:程序 2-4
%   程序名称:wawbo.m,加权平均弱化缓冲算子。
%   程序功能:计算初始序列的加权平均弱化缓冲序列。
% ***********************************************************
clear all;
X = input('请输入原始序列(格式为[64.21 68.34 73.71 82.01 89.69])\n:');
n = numel(X);
for k = 1:n;
    tmp = 0;
```

```
        for j = k:n;
            tmp = tmp + j * X(j);
        end;
        XD(k) = tmp/((n + k) * (n - k + 1)/2);
    end;
    clc;
    disp('输入的初始序列为:');
    disp(X);
    disp('经加权平均弱化缓冲算子(WAWBO)变换后的序列为:');
    disp(XD);
```

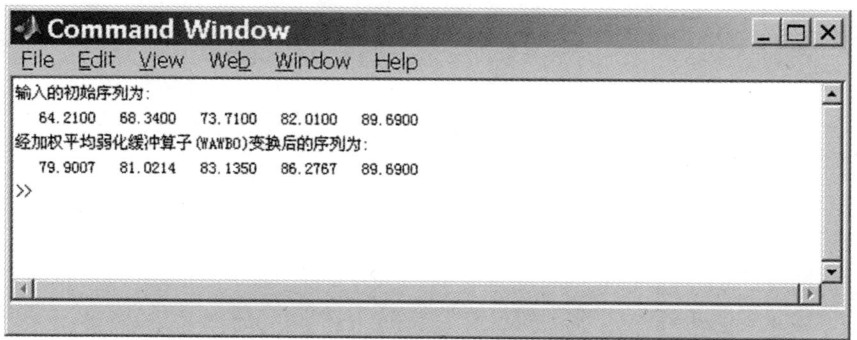

图 2-5　WAWBO 算子计算结果

（三）几何平均弱化缓冲算子

定义 2.5　设原始数据序列 $X=(x(1), x(2), \cdots, x(n))$ 为非负的系统行为数据序列，即 $x(i)>0$，令 $XD=(x(1)d, x(2)d, \cdots, x(n)d)$，其中，

$$x(k)d = [x(k) \cdot x(k+1) \cdots x(n)]^{\frac{1}{n-k+1}}$$

$$= \left[\prod_{i=k}^{n} x(i) \right]^{\frac{1}{n-k+1}},\ k = 1,2,\cdots,n \qquad (2.5)$$

则当 X 为单调增长序列、单调衰减序列或振荡序列时，D 皆为弱化缓冲算子（刘思峰，1997）。称 D 为几何平均弱化缓冲算子（geometric average weakening buffer operator，GAWBO）。

例 2.5 设 2014～2018 年全国国内生产总值为原始序列（单位：万亿元），即：

$$X = (64.21,\ 68.34,\ 73.71,\ 82.01,\ 89.69)$$

$n=5$，按几何平均弱化缓冲算子定义 2.5 有，

$$\begin{aligned}
x(1)d &= \left[\prod_{i=k}^{n} x(i) \right]^{\frac{1}{n-k+1}} \\
&= \left[\prod_{i=k}^{5} x(i) \right]^{\frac{1}{5-k+1}} \\
&= [x(1)\cdot x(2)\cdot x(3)\cdot x(4)\cdot x(5)]^{\frac{1}{5}} \\
&= (64.21\times 68.34\times 73.71\times 82.01\times 89.69)^{1/5} \\
x(2)d &= [x(2)\cdot x(3)\cdot x(4)\cdot x(5)]^{\frac{1}{4}} \\
&= (68.34\times 73.71\times 82.01\times 89.69)^{1/4} \\
&= 78.019 \\
x(3)d &= [x(3)\cdot x(4)\cdot x(5)]^{\frac{1}{3}} \\
&= (73.71\times 82.01\times 89.69)^{1/3} \\
&= 81.542 \\
x(4)d &= [x(3)\cdot x(4)\cdot x(5)]^{\frac{1}{2}} \\
&= (82.01\times 89.69)^{1/2} \\
&= 85.764 \\
x(5)d &= x(5) \\
&= 89.69
\end{aligned}$$

因此，序列 X 的几何平均弱化缓冲序列为 $XD=(75.038, 78.019, 81.542, 85.764, 89.69)$。

几何平均弱化缓冲算子 Matlab 程序代码如程序 2－5 所示，程序运行结果画面如图 2－6 所示。

```
% ************************************************************
%   程序编号:程序 2-5
%   程序名称:gawbo.m,几何平均弱化缓冲算子。
%   程序功能:计算初始序列的几何平均弱化缓冲序列。
% ************************************************************
clear all;
X = input('请输入原始序列(格式为[64.21 68.34 73.71 82.01 89.69])\n:');
n = numel(X);
for k = 1:n;
    tmp = 1;
    for j = k:n;
        tmp = tmp * X(j);
    end;
    XD(k) = tmp^(1/(n-k+1));
end;
clc;
disp('输入的初始序列为:');
disp(X);
disp('经几何平均弱化缓冲算子(GAWBO)变换后的序列为:');
disp(XD);
```

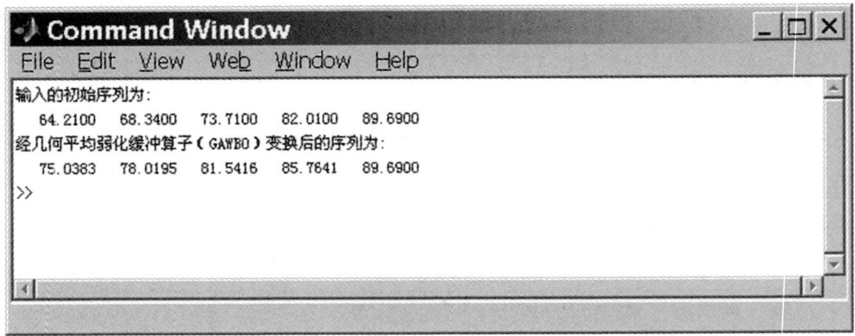

图 2-6　GAWBO 算子计算结果

三、强化缓冲算子

（一）强化缓冲算子

定义 2.6　设原始数据序列 $X=(x(1), x(2), x(3), \cdots, x(n))$，令 $XD=(x(1)d, x(2)d, x(3)d, \cdots, x(n)d)$，其中，

$$\begin{cases} x(k)d=\dfrac{x(1)+x(2)+\cdots+x(k-1)+kx(k)}{2k-1}, & k=1, 2, \cdots, n-1 \\ x(n)d=x(n) \end{cases} \tag{2.6}$$

则当 X 为单调增长序列、单调衰减序列或振荡序列时，D 皆为强化缓冲算子（刘思峰，1997）。称 D 为强化缓冲算子（strengthening buffer operator，SBO）。

例 2.6　设 2014～2018 年全国国内生产总值为原始序列（单位：万亿元），即：

$$X=(64.21, 68.34, 73.71, 82.01, 89.69)$$

按强化缓冲算子定义 2.6 有，

$$x(1)d=\frac{x(1)+x(2)+\cdots+x(k-1)+kx(k)}{2k-1}$$

$$=\frac{x(1)}{2-1}$$

$$=64.21$$

$$x(2)d=\frac{x(1)+2x(2)}{2\times 2-1}$$

$$=\frac{64.21+2\times 68.34}{2\times 2-1}$$

$$=66.963$$

$$x(3)d=\frac{x(1)+x(2)+3x(3)}{2\times 3-1}$$

$$=\frac{64.21+68.34+3\times 73.71}{2\times 3-1}$$

$$=70.736$$

$$x(4)d=\frac{x(1)+x(2)+x(3)+4x(4)}{2\times 4-1}$$

$$=\frac{64.21+68.34+73.71+4\times 82.01}{2\times 4-1}$$

$$=76.329$$

$$x(5)d=x(5)$$

$$=89.69$$

因此，序列 X 的强化缓冲序列为 $XD=(64.21, 66.963, 70.736, 76.329, 89.69)$。

强化缓冲算子 Matlab 程序代码如程序 2－6 所示，程序运行结果画面如图 2－7 所示。

```
% ***********************************************************
%   程序编号:程序 2-6
%   程序名称:sbo.m,强化缓冲算子。
%   程序功能:计算初始序列的强化缓冲序列。
% ***********************************************************
clear all;
X = input('请输入原始序列(格式为[64.21 68.34 73.71 82.01 89.69])\n:');
n = numel(X);
for k = 1:n-1;
    tmp = 0;
    for j = 1:k-1;
        tmp = tmp + X(j);
    end;
    XD(k) = (tmp + k * X(k))/(2 * k-1);
end;
XD(n) = X(n);
clc;
disp('输入的初始序列为:');
disp(X);
disp('经强化缓冲算子(SBO)变换后的序列为:');
disp(XD);
```

(二) 平均强化缓冲算子

定义 2.7 设 $X=(x(1),\ x(2),\ \cdots,\ x(n))$，令 $XD=(x(1)d,\ x(2)d,\ \cdots,\ x(n)d)$，$\sum_{i=k}^{n} x(i) \neq 0$，其中，

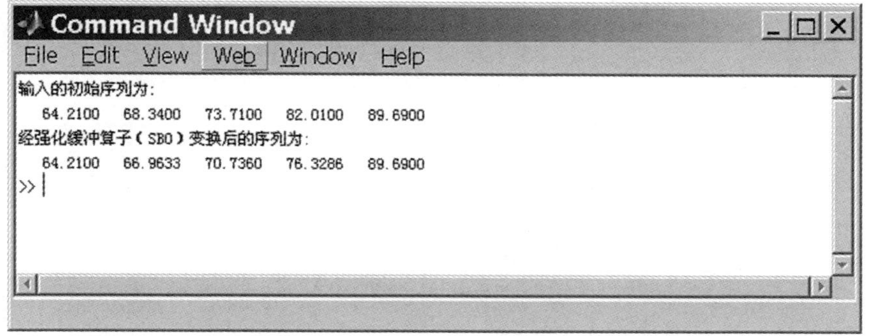

图 2-7 SBO 算子计算结果

$$x(k)d = \frac{(n-k+1)(x(k))^2}{x(k)+x(k+1)+\cdots+x(n)}$$

$$= \frac{(n-k+1)(x(k))^2}{\sum_{i=k}^{n} x(i)},\ k=1,2,\cdots,n \tag{2.7}$$

则当 X 为单调增长序列，单调衰减序列或振荡序列时，D 皆为强化缓冲算子（刘思峰，1997）。称 D 为平均强化缓冲算子（average strengthening buffer operator，ASBO）。

例 2.7 设 2014 ~ 2018 年全国国内生产总值为原始序列（单位：万亿元），即：

$$X=(64.21,\ 68.34,\ 73.71,\ 82.01,\ 89.69)$$

$n=5$，按平均强化缓冲算子定义 2.7 有，

$$x(1)d = \frac{(n-k+1)(x(k))^2}{x(k)+x(k+1)+\cdots+x(n)}$$

$$= \frac{(5-k+1)(x(k))^2}{x(k)+x(k+1)+\cdots+x(n)}$$

$$= \frac{5(x(1))^2}{x(1)+x(2)+x(3)+x(4)+x(5)}$$

$$= \frac{5 \times 64.21^2}{64.21 + 68.34 + 73.71 + 82.01 + 89.69}$$

$$= 54.542$$

$$x(2)d = \frac{4(x(2))^2}{x(2) + x(3) + x(4) + x(5)}$$

$$= \frac{4 \times 68.34^2}{68.34 + 73.71 + 82.01 + 89.69}$$

$$= 59.542$$

$$x(3)d = \frac{3(x(3))^2}{x(3) + x(4) + x(5)}$$

$$= \frac{3 \times 73.71^2}{73.71 + 82.01 + 89.69}$$

$$= 66.417$$

$$x(4)d = \frac{2(x(4))^2}{x(4) + x(5)}$$

$$= \frac{2 \times 82.01^2}{82.01 + 89.69}$$

$$= 78.342$$

$$x(5)d = x(5)$$

$$= 89.69$$

因此，序列 X 的平均强化缓冲序列为 $XD = (54.542, 59.542, 66.417, 78.342, 89.69)$。

平均强化缓冲算子 Matlab 程序代码如程序 2－7 所示，程序运行结果画面如图 2－8 所示。

```
% ************************************************************
%   程序编号:程序 2 - 7
%   程序名称:asbo. m,平均强化缓冲算子。
```

```
%   程序功能:计算初始序列的平均强化缓冲序列。
% ************************************************************
clear all;
X = input('请输入原始序列(格式为[64.21 68.34 73.71 82.01 89.69])\n:');
n = numel(X);
for k = 1:n;
    tmp = 0;
    for j = k:n;
        tmp = tmp + X(j);
    end;
    XD(k) = (n - k + 1) * X(k) * X(k)/tmp;
end;
clc;
disp('输入的初始序列为:');
disp(X);
disp('经平均强化缓冲算子(ASBO)变换后的序列为:');
disp(XD);
```

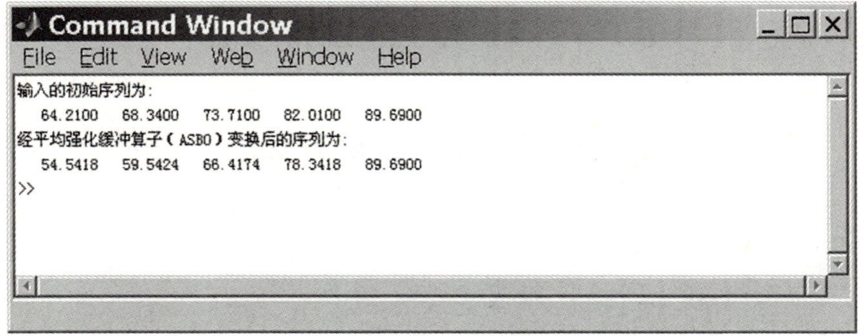

图 2－8　ASBO 算子计算结果

原始数据序列的弱化缓冲序列与强化缓冲序列折线如图 2 - 9 所示。从图 2 - 9 可知，折线的末端点值相同，表明缓冲算子均满足不动点公理与新信息优先公理，弱化缓冲序列的折线更平缓，表明原始数据序列的增量减少，弱化缓冲算子弱化了原始数据序列的增长趋势；强化缓冲序列的折线更陡峭，表明原始数据序列的增量增大，强化缓冲算子强化了原始数据序列的增长趋势。

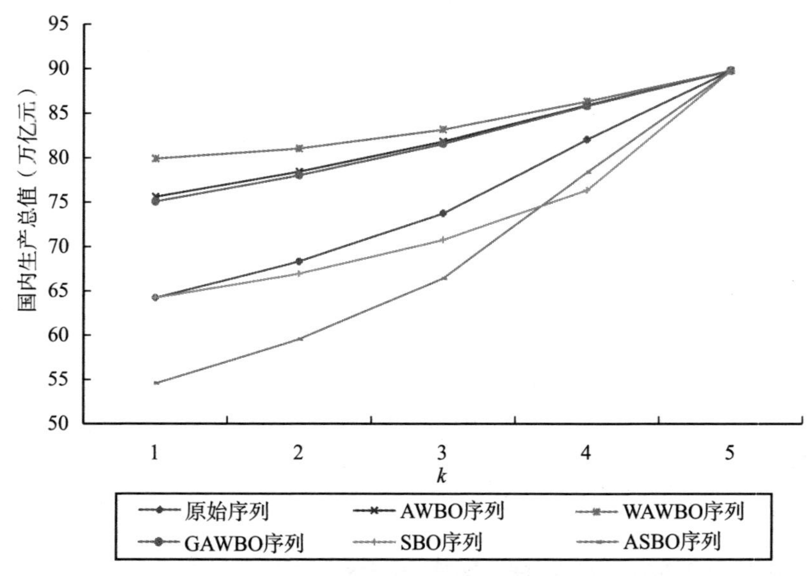

图 2 - 9　不同缓冲算子生成数据序列折线

第二节　灰建模方法

一、GM (1, 1) 模型

定义 2.8　设 $X^{(0)}=(x^{(0)}(1), x^{(0)}(2), \cdots, x^{(0)}(n))$ 为原始

序列，$X^{(1)}=(x^{(1)}(1), x^{(1)}(2), \cdots, x^{(1)}(n))$ 为 $X^{(0)}$ 的一阶累加生成序列，其中，$x^{(1)}(k) = \sum_{i=1}^{k} x^{(0)}(i)$，$k=1, 2, \cdots, n$，称：

$$x^{(0)}(k)+ax^{(1)}(k)=b \tag{2.8}$$

为 GM（1，1）模型的原始形式（邓聚龙，1984）。

$Z^{(1)}=(z^{(1)}(2), z^{(1)}(3), \cdots, z^{(1)}(n))$ 是 $X^{(1)}$ 的紧邻均值生成序列，其中，

$$z^{(1)}(k)=\frac{1}{2}(x^{(1)}(k)+x^{(1)}(k-1)), \quad k=2, 3, \cdots, n,$$

称：

$$x^{(0)}(k)+az^{(1)}(k)=b \tag{2.9}$$

为 GM（1，1）模型的基本形式。称参数 $-a$ 为发展系数，b 为灰色作用量。

定理 2.1　若 $\hat{a}=[a, b]^{\mathrm{T}}$ 为参数列，且：

$$Y=\begin{bmatrix} x^{(0)}(2) \\ x^{(0)}(3) \\ \vdots \\ x^{(0)}(n) \end{bmatrix}, \quad B=\begin{bmatrix} -z^{(1)}(2) & 1 \\ -z^{(1)}(2) & 1 \\ \vdots & \vdots \\ -z^{(1)}(2) & 1 \end{bmatrix} \tag{2.10}$$

则 GM（1，1）模型 $x^{(0)}(k)+az^{(1)}(k)=b$ 的最小二乘估计参数列满足：

$$\hat{a}=(B^{\mathrm{T}}B)^{-1}B^{\mathrm{T}}Y \tag{2.11}$$

称：

$$\frac{dx^{(1)}}{dt}+ax^{(1)}=b \tag{2.12}$$

为 GM（1，1）模型的白化方程，也叫影子方程。

白化方程$\frac{dx^{(1)}}{dt}+ax^{(1)}=b$的解：

$$x^{(1)}(t)=\left(x^{(1)}(1)-\frac{b}{a}\right)e^{(-at)}+\frac{b}{a} \tag{2.13}$$

称为时间响应函数。

则 GM（1，1）模型$x^{(0)}(k)+az^{(1)}(k)=b$的时间响应序列为：

$$\begin{cases}\hat{x}^{(0)}(k+1)=\hat{x}^{(1)}(k+1)-\hat{x}^{(1)}(k)=(1-e^{a})\left(x^{(0)}(1)-\frac{b}{a}\right)e^{-ak}, \\ k=1, 2, \cdots, n-1 \\ \hat{x}^{(0)}(1)=x^{(0)}(1)\end{cases} \tag{2.14}$$

例 2.8 2011～2018 年全国社会消费品零售总额为原始序列（单位：万亿元），即：

$X=(18.72, 21.44, 24.28, 27.19, 30.09, 33.23, 36.6, 38.10)$

Step1 计算$X^{(0)}$的一阶累加生成序列$X^{(1)}$，得：

$$X^{(1)}=(18.72, 40.16, 64.44, 91.63, 121.72, 154.95, 191.55, 229.65)$$

Step2 计算$X^{(1)}$的紧邻均值生成序列，得：

$Z^{(1)}=(29.44, 52.3, 78.035, 106.68, 138.33, 173.25, 210.6)$

Step3 得到矩阵Y与B：

$$B=\begin{bmatrix}-29.44 & 1\\ -52.3 & 1\\ -78.035 & 1\\ -106.68 & 1\\ -138.33 & 1\\ -173.25 & 1\\ -210.6 & 1\end{bmatrix}, \quad Y=\begin{bmatrix}21.44\\ 24.28\\ 27.19\\ 30.09\\ 33.23\\ 36.6\\ 38.1\end{bmatrix}$$

Step4　应用最小二乘法计算参数列 $\hat{a}=[a,\ b]^{T}$，得：

$$\hat{a}=(B^{T}B)^{-1}B^{T}Y=\begin{bmatrix}-0.094476\\19.489\end{bmatrix}$$

Step5　得到 GM（1，1）模型的白化方程：

$$\frac{dx^{(1)}}{dt}-0.094476x^{(1)}=19.489$$

Step6　得到 GM（1，1）模型的时间响应序列为：

$$\hat{x}^{(1)}(k+1)=225\times e^{0.094476k}-206.28,\ k=1,\ 2,\ \cdots,\ n-1$$

或：

$$\hat{x}^{(0)}(k+1)=20.284\times e^{0.094476k},\ k=1,\ 2,\ \cdots,\ n-1$$

其中：

$$\hat{x}^{(1)}(1)=\hat{x}^{(0)}(1)=x(0)=34.09$$

Step7　计算 $X^{(0)}$ 的模拟值：

可先根据 $\hat{x}^{(1)}(k+1)$ 表达式求得：

$$\hat{X}^{(1)}=(18.72,\ 41.014,\ 65.517,\ 92.448,\ 122.047,\ 154.579,\ 190.334,\ 229.632),$$

再利用一阶累减生成算子得到 $\hat{X}^{(0)}$，也可以根据 $\hat{x}^{(0)}(k+1)$ 表达式直接求得 $\hat{X}^{(0)}$：

$$\hat{X}^{(0)}=(18.72,\ 22.294,\ 24.503,\ 26.931,\ 29.599,\ 32.532,\ 35.755,\ 39.298)$$

Step8　误差检验：

残差，$\varepsilon(k)=x^{(0)}(k)-\hat{x}^{(0)}(k),\ k=2,\ 3,\ \cdots,\ n$

相对误差，$\Delta_k=\dfrac{|\varepsilon(k)|}{x^{(0)}(k)},\ k=2,\ 3,\ \cdots,\ n$

平均相对误差，$\Delta=\dfrac{1}{n-1}\sum_{k=2}^{n}\Delta_k=2.15\%$

模型的模拟数据、残差、相对误差计算结果如表 2-1 所示。

表 2-1　　误差检验表

序号（k）	实际数据 $x^{(0)}(k)$	模拟数据 $\hat{x}^{(0)}(k)$	残差 $\varepsilon(k)$	相对误差 Δ_k(%)
1	18.72	—	—	—
2	21.44	22.294	-0.854	3.98
3	24.28	24.503	-0.223	0.92
4	27.19	26.931	0.259	0.95
5	30.09	29.599	0.491	1.63
6	33.23	32.532	0.698	2.10
7	36.6	35.755	0.845	2.31
8	38.1	39.298	-1.198	3.15

Step9　若模型达到预期精度，预测后续值：

后续 5 个预测数据为：

$$(\hat{x}^{(0)}(6), \hat{x}^{(0)}(7), \hat{x}^{(0)}(8), \hat{x}^{(0)}(9), \hat{x}^{(0)}(10)) =$$

$$(43.192, 47.472, 52.175, 57.345, 63.027)$$

GM（1，1）模型 Matlab 程序代码如程序 2-8 所示，程序运行结果画面如图 2-10 所示。

```
% ***********************************************************
%   程序编号:程序 2-8
%   程序名称:gm11.m,GM(1,1)模型。
%   程序功能:利用 GM(1,1)模型进行预测。
% ***********************************************************
clear all;
X0 = input('请输入原始序列(格式为[18.72 21.44 24.28 27.19 30.09 33.23 36.6 38.10]):');
```

```
m = input('请输入后续需预测的数据个数:');
n = numel(X0);
%计算原始序列的 1 - AGO
for k = 1:n;
    tmp = 0;
    for j = 1:k;
        tmp = tmp + X0(j);
    end;
    X1(k) = tmp;
end;
%对 X1 作紧邻均值生产序列 Z1
for i = 2:n;
    Z1(i-1) = (X1(i) + X1(i-1))/2;
end;
B = ones(n-1,2);
Y = ones(n-1,1);
%求矩阵 B 和 Y
for i = 1:n-1;
    Y(i,1) = X0(i+1);
    B(i,1) = -Z1(i);
end;
%求 a,b 值
E = inv(B' * B) * B' * Y;
a = E(1);
b = E(2);
A = zeros(n,5);
```

```
A(1,1) = 1;
A(1,2) = X0(1);
% 计算模拟数据,残差和相对误差
for k = 2:n;
    A(k,1) = k;
    A(k,2) = X0(k);
    A(k,3) = (1 - exp(a)) * (X0(1) - b/a) * exp( - a * (k - 1));
    A(k,4) = A(k,2) - A(k,3);
    A(k,5) = 100 * abs(A(k,4))/A(k,2);
end;
% 计算后续 m 个预测值
if m > 0;
    for k = n:m + n - 1;
        F(k - n + 1) = (1 - exp(a)) * (X0(1) - b/a) * exp( - a * k);
    end;
end;
clc;
disp('输入的原始序列为:');
disp(X0);
disp('误差检验表为:');
disp('      序号   实际数据   模拟数据       残差       相对误差');
disp(A);
if m > 0;
    disp('后续预测数据为:');
    disp(F);
end;
```

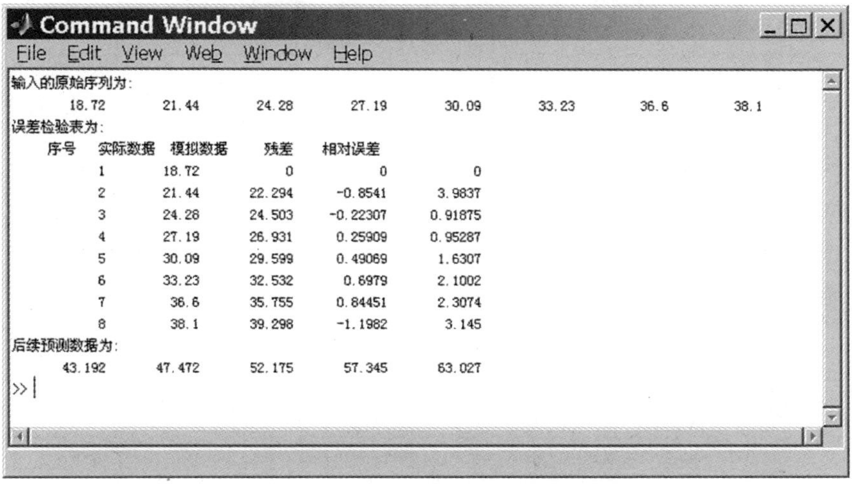

Command Window

File Edit View Web Window Help

输入的原始序列为:

18.72 21.44 24.28 27.19 30.09 33.23 36.6 38.1

误差检验表为:

序号	实际数据	模拟数据	残差	相对误差
1	18.72	0	0	0
2	21.44	22.294	-0.8541	3.9837
3	24.28	24.503	-0.22307	0.91875
4	27.19	26.931	0.25909	0.95287
5	30.09	29.599	0.49069	1.6307
6	33.23	32.532	0.6979	2.1002
7	36.6	35.755	0.84451	2.3074
8	38.1	39.298	-1.1982	3.145

后续预测数据为:

43.192 47.472 52.175 57.345 63.027

>>

图 2－10　GM（1，1）模型计算结果

二、DGM（1，1）模型

定义 2.9　设 $X^{(0)}=(x^{(0)}(1), x^{(0)}(2), \cdots, x^{(0)}(n))$ 为原始序列，$X^{(1)}=(x^{(1)}(1), x^{(1)}(2), \cdots, x^{(1)}(n))$ 为 $X^{(0)}$ 的一阶累加生成序列，其中：

$$x^{(1)}(k)=\sum_{i=1}^{k} x^{(0)}(i), \quad k=1, 2, \cdots, n$$

称：

$$x^{(1)}(k+1)=\beta_1 x^{(1)}(k)+\beta_2 \tag{2.15}$$

为 GM（1，1）模型的离散形式（谢乃明，2005），即离散 GM（1，1）模型，简称 DGM（1，1）模型。

定理 2.2　若 $\hat{\beta}=[\beta_1, \beta_2]^{\mathrm{T}}$ 为参数列，且：

$$Y=\begin{bmatrix} x^{(1)}(2) \\ x^{(1)}(3) \\ \vdots \\ x^{(1)}(n) \end{bmatrix},\quad B=\begin{bmatrix} x^{(1)}(1) & 1 \\ x^{(1)}(2) & 1 \\ \vdots & \vdots \\ x^{(1)}(n-1) & 1 \end{bmatrix} \tag{2.16}$$

则 DGM（1，1）模型 $x^{(1)}(k+1)=\beta_1 x^{(1)}(k)+\beta_2$ 的最小二乘估计参数列满足：

$$\hat{\beta}=(B^{T}B)^{-1}B^{T}Y$$

取 $\hat{x}^{(1)}(1)=x^{(1)}(1)=x^{(0)}(1)$，则递推函数为：

$$\begin{aligned}\hat{x}^{(1)}(k+1)&=\beta_1^k x^{(0)}(1)+\frac{1-\beta_1^k}{1-\beta_1}\cdot\beta_2\\&=\left(x^{(0)}(1)-\frac{\beta_2}{1-\beta_1}\right)\beta_1^k+\frac{\beta_2}{1-\beta_1},\ k=1,\ 2,\ \cdots,\ n-1\end{aligned} \tag{2.17}$$

还原值为：

$$\begin{cases}\hat{x}^{(0)}(k+1)=\hat{x}^{(1)}(k+1)-\hat{x}^{(1)}(k)=[(\beta_1-1)x^{(0)}(1)+\beta_2]\beta_1^{k-1},\\ k=1,\ 2,\ \cdots,\ n-1\\ \hat{x}^{(0)}(1)=x^{(0)}(1)\end{cases} \tag{2.18}$$

例 2.9　2011～2018 年全国国内旅游总花费为原始序列（单位：万亿元），即：

$$X=(5.128,\ 4.566,\ 3.939,\ 3.420,\ 3.0312,\ 2.628,\ 2.271,\ 1.931)$$

Step1　计算 $X^{(0)}$ 的一阶累加生成序列 $X^{(1)}$，得：

$$X^{(1)}=(5.128,\ 9.694,\ 13.633,\ 17.053,\ 20.084,\ 22.712,\ 24.983,\ 26.914)$$

Step2　得到矩阵 Y 与 B：

$$Y=\begin{bmatrix}9.694\\13.633\\17.053\\20.084\\22.712\\24.983\\26.914\end{bmatrix},\quad B=\begin{bmatrix}5.128 & 1\\9.694 & 1\\13.633 & 1\\17.053 & 1\\20.084 & 1\\22.712 & 1\\24.983 & 1\end{bmatrix}$$

Step3　应用最小二乘法计算参数列 $\hat{\beta}=[\beta_1,\ \beta_2]^{\mathrm{T}}$，得：

$$\hat{\beta}=(B^{\mathrm{T}}B)^{-1}B^{\mathrm{T}}Y=\begin{bmatrix}0.869\\5.225\end{bmatrix}$$

Step4　得到 $\hat{x}^{(1)}(k+1)$ 的时间响应序列为：

$$\hat{x}^{(1)}(k+1)=-34.892\times 0.869^{k}+40.02,\ k=1,\ 2,\ \cdots,\ n-1$$

$\hat{x}^{(0)}(k+1)$ 的时间响应序列为：

$$\hat{x}^{(0)}(k+1)=5.240\times 0.869^{k},\ k=1,\ 2,\ \cdots,\ n-1$$

其中，$\hat{x}^{(1)}(1)=\hat{x}^{(0)}(1)=x^{(0)}(1)=5.128$

Step5　计算 $X^{(0)}$ 的模拟值：

可先根据 $\hat{x}^{(1)}(k+1)$ 表达式求得：

$$\hat{X}^{(1)}=(5.128,\ 9.684,\ 13.645,\ 17.089,\ 20.083,\ 22.686,\ 24.949,\ 26.917),$$

再利用一阶累减生成算子得到 $\hat{X}^{(0)}$，也可以根据 $\hat{x}^{(0)}(k+1)$ 表达式直接求得 $\hat{X}^{(0)}$：

$$\hat{X}^{(0)}=(5.128,\ 4.556,\ 3.961,\ 3.444,\ 2.994,\ 2.603,\ 2.263,\ 1.968)$$

Step6 误差检验：

残差，$\varepsilon(k)=x^{(0)}(k)-\hat{x}^{(0)}(k)$，$k=2, 3, \cdots, n$

相对误差，$\Delta_k=\dfrac{|\varepsilon(k)|}{x^{(0)}(k)}$，$k=2, 3, \cdots, n$

平均相对误差，$\Delta = \dfrac{1}{n-1}\sum_{k=2}^{n}\Delta_k = 0.84\%$

模型的模拟数据、残差、相对误差计算结果如表 2－2 所示。

表 2－2　　误差检验表

序号（k）	实际数据 $x^{(0)}(k)$	模拟数据 $\hat{x}^{(0)}(k)$	残差 $\varepsilon(k)$	相对误差 Δ_k(%)
1	5.1280	—	—	—
2	4.5660	4.556	0.010	0.22
3	3.9390	3.961	－0.022	0.56
4	3.4200	3.444	－0.024	0.70
5	3.0312	2.994	0.037	1.22
6	2.6280	2.603	0.025	0.94
7	2.2710	2.263	0.008	0.34
8	1.9310	1.968	－0.037	1.91

Step7 预测后续值：

后续 5 个预测数据为：

$$(\hat{x}^{(0)}(6), \hat{x}^{(0)}(7), \hat{x}^{(0)}(8), \hat{x}^{(0)}(9), \hat{x}^{(0)}(10)) =$$

(64.203　6，71.699　9，80.071　5，89.420　6，99.861　2)

DGM（1，1）模型 Matlab 程序代码如程序 2－9 所示，程序运行结果画面如图 2－11 所示。

```
% ************************************************************
%   程序编号:程序 2-9
%   程序名称:dgm11.m,DGM(1,1)模型。
%   程序功能:利用 DGM(1,1)模型进行预测。
% ************************************************************
clear all;
X0 = input('请输入原始序列(格式为[5.128 4.566 3.939 3.420 3.0312 2.628 2.271 1.931])\n:');
m = input('请输入后续需预测的数据个数:');
n = numel(X0);
%计算原始序列的 1-AGO
for k = 1:n;
    tmp = 0;
    for j = 1:k;
        tmp = tmp + X0(j);
    end;
    X1(k) = tmp;
end;
B = ones(n-1,2);
Y = ones(n-1,1);
%求矩阵 B 和 Y
for i = 1:n-1;
    Y(i,1) = X1(i+1);
    B(i,1) = X1(i);
end;
%求 a,b 值
```

```
E = inv(B' * B) * B' * Y;
b1 = E(1);
b2 = E(2);
A = zeros(n,5);
A(1,1) = 1;
A(1,2) = X0(1);
% 计算模拟数据,残差和相对误差
for k = 2:n;
    A(k,1) = k;
    A(k,2) = X0(k);
    A(k,3) = (b1^(k - 1)) * (X0(1) - b2/(1 - b1)) - (b1^(k - 2)) *
(X0(1) - b2/(1 - b1));
    A(k,4) = A(k,2) - A(k,3);
    A(k,5) = 100 * abs(A(k,4))/A(k,2);
end;
% 计算后续 m 个预测值
if m > 0;
    for k = n:m + n - 1;
        F(k - n + 1) = (b1^k) * (X0(1) - b2/(1 - b1)) - (b1^(k - 1))
* (X0(1) - b2/(1 - b1));
    end;
end;
clc;
disp('输入的原始序列为:');
disp(X0);
disp('误差检验表为:');
```

```
disp('      序号   实际数据   模拟数据       残差   相对误差');disp(A);
if m>0;
    disp('后续预测数据为:');
    disp(F);
end;
```

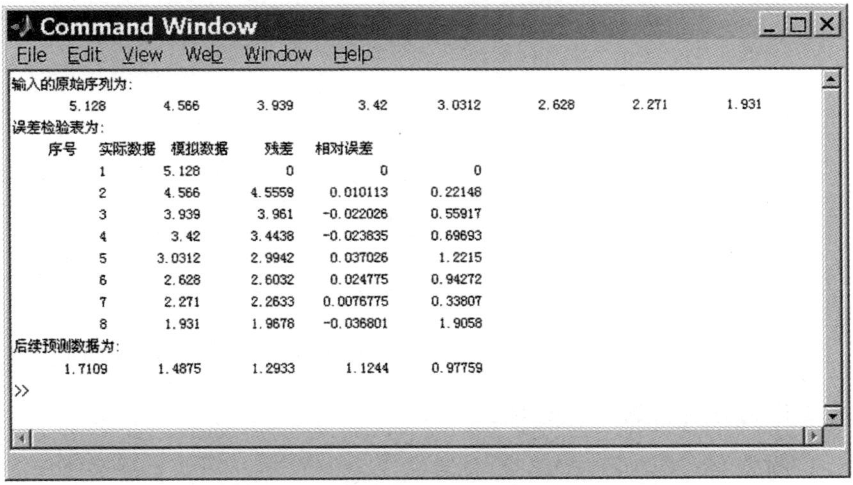

```
Command Window
File  Edit  View  Web  Window  Help
输入的原始序列为:
      5.128        4.566        3.939        3.42       3.0312       2.628       2.271       1.931
误差检验表为:
     序号   实际数据   模拟数据       残差   相对误差
           1      5.128          0            0            0
           2      4.566     4.5559     0.010113      0.22148
           3      3.939      3.961    -0.022026      0.55917
           4       3.42     3.4438    -0.023835      0.69693
           5     3.0312     2.9942     0.037026       1.2215
           6      2.628     2.6032     0.024775      0.94272
           7      2.271     2.2633    0.0076775      0.33807
           8      1.931     1.9678    -0.036801       1.9058
后续预测数据为:
     1.7109       1.4875       1.2933       1.1244      0.97759
>>
```

图 2-11　DGM（1，1）模型计算结果

第三节　灰决策方法

一、灰色关联度模型

定义 2.10　设 $X_0=(x_0(1),\ x_0(2),\ \cdots,\ x_0(n))$ 为系统行为

序列，$X_i=(x_i(1), x_i(2), \cdots, x_i(n))$ 为相关因素行为序列，$i=1, 2, \cdots, m$。$X_i'=(x_i'(1), x_i'(2), \cdots, x_i'(n))$ 是 $X_i=(x_i(1), x_i(2), \cdots, x_i(n))$ 的初值像序列，即 $x_i'(k)=x_i(k)/x_i(1)$，$i=0, 1, 2, \cdots, m$，$k=1, 2, \cdots, n$。

差序列：$\Delta_i(k)=|x_0'(k)-x_i'(k)|$，$i=1, 2, \cdots, m$，$k=1, 2, \cdots, n$。

极最大差：$M=\max\limits_i \max\limits_k \Delta_i(k)$，$i=1, 2, \cdots, m$，$k=1, 2, \cdots, n$。

极最小差：$m=\min\limits_i \min\limits_k \Delta_i(k)$，$i=1, 2, \cdots, m$，$k=1, 2, \cdots, n$。

对于 $\xi\in(0, 1)$，令：

$$\gamma_{0i}(k)=\gamma(x_0(k), x_i(k))=\frac{m+\xi M}{\Delta_i(k)+\xi M} \tag{2.19}$$

$$\gamma(X_0, X_i)=\frac{1}{n}\sum_{k=1}^{n}\gamma(x_0(k), x_i(k)) \tag{2.20}$$

$\gamma(X_0, X_i)$ 称为 X_0 与 X_i 的灰色关联度（邓聚龙，1984），其中 ξ 称为分辨系数，一般取 $\xi=0.5$。

例 2.10 2014～2018 年中国国内生产总值、第一产业增加值、第二产业增加值、第三产业增加值的数据序列如下。

国内生产总值（单位：万亿元）：$X_0=(64.13, 68.60, 74.01, 82.08, 90.03)$

第一产业增加值（单位：万亿元）：$X_1=(5.56, 5.78, 6.01, 6.21, 6.47)$

第二产业增加值（单位：万亿元）：$X_2=(27.76, 28.20, 29.65, 33.27, 36.60)$

第三产业增加值（单位：万亿元）：$X_3=(30.81, 34.62, 38.34, 42.59, 46.96)$

以 X_0 为系统行为序列，计算灰色关联度。

Step1　求初值像：

根据公式 $x_i'(k)=x_i(k)/x_i(1)$，$i=0$，1，2，3，$k=1$，2，3，4，5，有：

$X_0'=(1，1.070，1.154，1.280，1.404)$

$X_1'=(1，1.040，1.081，1.117，1.164)$

$X_2'=(1，1.016，1.068，1.199，1.318)$

$X_3'=(1，1.124，1.244，1.382，1.524)$

Step2　求差序列：

由 $\Delta_i(k)=|x_0'(k)-x_i'(k)|$，$i=1$，2，…，$m$，$k=1$，2，…，$n$，得

$\Delta_1=(0，0.030，0.073，0.16，0.240)$

$\Delta_2=(0，0.054，0.086，0.081，0.085)$

$\Delta_3=(0，0.054，0.090，0.102，0.120)$

Step3　求两极差：

$$M=\max_i \max_k \Delta_i(k)$$
$$=0.2402$$

$$m=\min_i \min_k \Delta_i(k)$$
$$=0$$

Step4　求关联系数：

取 $\xi=0.5$，由 $\gamma_{0i}(k)=\gamma(x_0(k)，x_i(k))=\dfrac{m+\xi M}{\Delta_i(k)+\xi M}$，有：

$$\gamma_{01}(1)=\gamma(x_0(1)，x_1(1))$$
$$=\frac{0+0.5\times0.2402}{0+0.5\times0.2402}$$
$$=1$$

$$\gamma_{0i}(k)=\gamma(x_0(k),\ x_i(k))=\begin{bmatrix}1.000 & 0.799 & 0.622 & 0.424 & 0.333\\ 1.000 & 0.690 & 0.583 & 0.596 & 0.584\\ 1.000 & 0.690 & 0.571 & 0.540 & 0.500\end{bmatrix}$$

Step5 求灰色关联度：

$$\begin{aligned}\gamma_{01} &= \frac{1}{5}\sum_{k=1}^{5}\gamma_{01}(k)\\ &= \frac{1.000+0.799+0.622+0.424+0.333}{5}\\ &= 0.636\end{aligned}$$

同理，$\gamma_{02}=0.691$，$\gamma_{03}=0.660$。

可知 $\gamma_{02}>\gamma_{03}>\gamma_{01}$，表明近 5 年中国国内生产总值与第二产业关联度最大，其次是第三产业，第一产业影响最小，中国目前总体上仍然处于工业化时期。

灰色关联度模型 Matlab 程序代码如程序 2-10 所示，程序运行结果画面如图 2-12 所示。

```
% ************************************************************
%  程序编号:程序 2-10
%  程序名称:dgi.m,灰色关联度模型。
%  程序功能:利用灰色关联度模型进行评价。
% ************************************************************
clear all;
e = input('请输入分辨系数,ξ,默认取值 0.5:');
X = input('请依次输入各序列,其中第一行为系统特征序列(格式为[64.13 68.60 74.01 82.08 90.03;5.56 5.78 6.01 6.21 6.47;27.76 28.20 29.65 33.27 36.60;30.81 34.62 38.34 42.59 46.96])\n:');
[m n] = size(X);
```

```
%计算 X 各序列初值像 X1
for i = 1:m;
    for j = 1:n;
        X1(i,j) = X(i,j)/X(i,1);
    end;
end;
%计算 X1 各序列对系统特征序列的差序列
for i = 2:m;
    for j = 1:n;
        X0(i-1,j) = abs(X1(i,j) - X1(1,j));
    end;
end;
%求两级最大差和最小差
maxM = max(max(X0));
minm = min(min(X0));
%计算各序列相对系统特征序列的关联度
for i = 2:m;
    tmp = 0;
    for j = 1:n;
        r(i-1,j) = (minm + e * maxM)/(X0(i-1,j) + e * maxM);
        tmp = tmp + r(i-1,j);
    end;
    R(i-1) = tmp/n;
end;
clc;
disp('输入的序列为:');
```

```
disp(X);
disp('各序列与系统特征序列的灰色关联度γ依次为:');
disp(R);
```

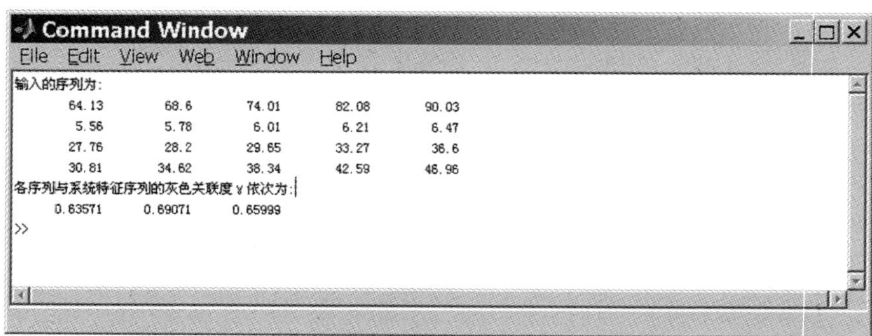

图 2－12　灰色关联度模型计算结果

二、绝对关联度模型

定义 2.11　设 $X_0=(x_0(1),\ x_0(2),\ \cdots,\ x_0(n))$ 为系统行为序列，$X_i=(x_i(1),\ x_i(2),\ \cdots,\ x_i(n))$ 为相关因素行为序列，$i=1,\ 2,\ \cdots,\ m$。$X_i^0=(x_i^0(1),\ x_i^0(2),\ \cdots,\ x_i^0(n))$ 是 $X_i=(x_i(1),\ x_i(2),\ \cdots,\ x_i(n))$ 的始点零化像序列，即 $x_i^0(k)=x_i(k)-x_i(1)$，$i=0,\ 1,\ 2,\ \cdots,\ m,\ k=1,\ 2,\ \cdots,\ n$。令 $s_i=\sum_{k=1}^{n}x_i^0(k)$，$s_i-s_j=\sum_{k=1}^{n}(x_i^0(k)-x_j^0(k))$。则称：

$$\varepsilon_{0i}=\frac{1+|s_0|+|s_i|}{1+|s_0|+|s_i|+|s_i-s_0|} \tag{2.21}$$

为 X_0 与 X_i 的灰色绝对关联度（刘思峰，2003），简称绝对关联度。

例 2.11　2014～2018 年中国国内生产总值、第一产业增加值、第二产业增加值、第三产业增加值的数据序列如下。

国内生产总值（单位：万亿元）：$X_0 = (64.13, 68.60, 74.01, 82.08, 90.03)$

第一产业增加值（单位：万亿元）：$X_1 = (5.56, 5.78, 6.01, 6.21, 6.47)$

第二产业增加值（单位：万亿元）：$X_2 = (27.76, 28.20, 29.65, 33.27, 36.60)$

第三产业增加值（单位：万亿元）：$X_3 = (30.81, 34.62, 38.34, 42.59, 46.96)$

以 X_0 为系统行为序列，计算绝对关联度。

Step1　求始点零化像：

根据公式 $x_i^0(k) = x_i(k) - x_i(1)$，$i = 0, 1, 2, 3$，$k = 1, 2, 3, 4, 5$，有：

$X_0^0 = (0, 4.47, 9.88, 17.95, 25.9)$

$X_1^0 = (0, 0.22, 0.45, 0.65, 0.91)$

$X_2^0 = (0, 0.44, 1.89, 5.51, 8.84)$

$X_3^0 = (0, 3.81, 7.53, 11.78, 16.15)$

Step2　求 $|s_0|$，$|s_1|$，$|s_1 - s_0|$：

根据公式 $s_i = \sum_{k=1}^{n} x_i^0(k)$，$s_i - s_j = \sum_{k=1}^{n} (x_i^0(k) - x_j^0(k))$，有

$|s_0| = 45.25$，$|s_1| = 1.775$，$|s_2| = 12.26$，$|s_1| = 31.195$

$|s_1 - s_0| = 43.475$，$|s_2 - s_0| = 32.99$，$|s_3 - s_0| = 14.055$

Step3　求绝对关联度：

$$\varepsilon_{01}=\frac{1+|s_0|+|s_1|}{1+|s_0|+|s_1|+|s_1-s_0|}$$

$$=\frac{1+45.25+1.775}{1+45.25+1.775+43.475}$$

$$=0.525$$

同理，$\varepsilon_{02}=0.639$，$\varepsilon_{03}=0.846$。

可知 $\varepsilon_{03}>\varepsilon_{02}>\varepsilon_{01}$，表明近 5 年中国国内生产总值与第三产业关联度最大，其次是第二产业，第一产业影响最小。本例绝对关联度与灰色关联度计算结果存在差异，主要体现在绝对关联度模型认为第三产业与国内生产总值关联度最大，而灰色关联度模型认为第二产业与国内生产总值关联度更大。实际上两个模型的结论并不矛盾，绝对关联度是分析总量关系，灰色关联度是分析增速关系。

绝对关联度模型 Matlab 程序代码如程序 2－11 所示，程序运行结果画面如图 2－13 所示。

```
% ***********************************************************
%   程序编号:程序 2 - 11
%   程序名称:adi. m,绝对关联度模型。
%   程序功能:利用绝对关联度模型进行评价。
% ***********************************************************
clear all;
X = input('请依次输入各序列,其中第一行为系统特征序列(格式为[64. 13
68. 60 74. 01 82. 08 90. 03;5. 56 5. 78 6. 01 6. 21 6. 47;27. 76 28. 20 29. 65 33. 27
36. 60;30. 81 34. 62 38. 34 42. 59 46. 96])\n:');
[m n] = size(X);
%计算各序列始点零化像
for i = 1:m;
```

```
        for j = 1:n;
            X0(i,j) = X(i,j) - X(i,1);
        end;
    end;
    % 计算 X0 各序列累加值 s
    for i = 1:m;
        s(i) = 0;
        for j = 2:n - 1;
            s(i) = s(i) + X0(i,j);
        end;
        s(i) = s(i) + 0.5 * X0(i,n);
    end;
    % 计算各序列与系统特征序列的绝对关联度
    for i = 1:m;
        for j = i:m;
            e(i,j) = (1 + abs(s(i)) + abs(s(j)))/(1 + abs(s(i)) + abs(s
(j)) + abs(s(i) - s(j)));
        end;
    end;
    clc;
    disp('输入的序列为:');
    disp(X);
    disp('各序列与系统特征序列的绝对关联度 ε 依次为:');
    disp(e(1,2:m));
```

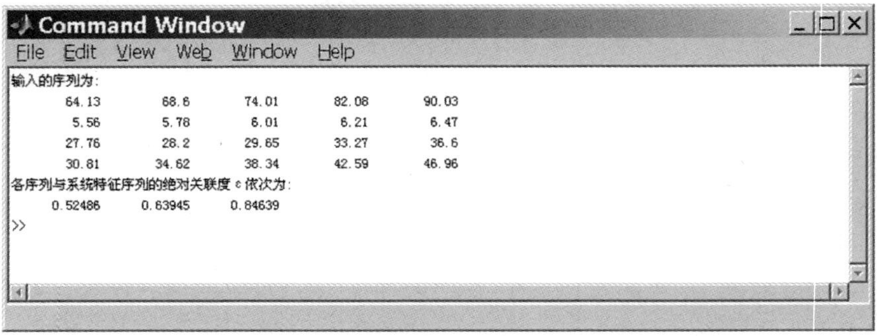

```
Command Window
File Edit View Web Window Help
输入的序列为:
      64.13      68.6      74.01      82.08      90.03
       5.56      5.78       6.01       6.21       6.47
      27.76      28.2      29.65      33.27      36.6
      30.81      34.62     38.34      42.59      46.96
各序列与系统特征序列的绝对关联度ε依次为:
    0.52486    0.63945    0.84639
>>
```

图 2－13　绝对关联度模型计算结果

三、灰色关联聚类模型

定义 2.12　设 $X_i=(x_i(1),\ x_i(2),\ \cdots,\ x_i(n))$ 为行为序列，$i=1,\ 2,\ \cdots,\ m$，$\varepsilon_{ij}=\dfrac{1+|s_i|+|s_j|}{1+|s_i|+|s_j|+|s_i-s_j|}$ 是序列 X_i 与 X_j 的绝对关联度，

$$A=\begin{pmatrix}\varepsilon_{11} & \varepsilon_{12} & \cdots & \varepsilon_{1m}\\ & \varepsilon_{22} & \cdots & \varepsilon_{2m}\\ & & \ddots & \vdots\\ & & & \varepsilon_{mm}\end{pmatrix} \tag{2.22}$$

是绝对关联度聚类矩阵，其中 $\varepsilon_{ii}=1$，$i=1,\ 2,\ \cdots,\ m$。给定临界值 $\varepsilon\in[0,\ 1]$，一般取 $\varepsilon>0.5$，若 $\varepsilon_{ij}>\varepsilon$，则视 X_i 与 X_j 为同类特征。

四、灰色关联决策模型

定义 2.13　设 $X_0=(x_0(1),\ x_0(2),\ \cdots,\ x_0(n))$ 为最优值参照

序列，$X_i=(x_i(1), x_i(2), \cdots, x_i(n))$ 为行为序列，$i=1, 2, \cdots, m$，ε_{0i}是序列 X_i 与 X_0 的关联度，ε_{0j}是序列 X_j 与 X_0 的关联度，若 $\varepsilon_{0i}>\varepsilon_{0i}$，则称序列 X_i 比序列 X_j 更优。

五、灰靶决策模型

定义 2.14　设有 m 个决策目标，决策目标权重为 $\omega=(\omega(1), \omega(2), \cdots, \omega(m))$，靶心为 $r_0=(r_0(1), r_0(2), \cdots, r_0(m))$，$n$ 个对策的效果向量为 $u_{ij}=\begin{pmatrix} u_{11} & u_{12} & \cdots & u_{1m} \\ u_{21} & u_{22} & \cdots & u_{2m} \\ \vdots & \vdots & \ddots & \vdots \\ u_{n1} & u_{n2} & \cdots & u_{nm} \end{pmatrix}$，$i=1, 2, \cdots, n$，$j=1, 2, \cdots, m$。则称：

$$d(u_i, r_0)=[(u_{i1}-r_0(1))^2+(u_{i2}-r_0(2))^2 + (u_{im}-r_0(m))^2]^{\frac{1}{2}} \tag{2.23}$$

是第 i 个对策的靶心距。

落入灰靶中的目标向量，根据其与靶心的靶心距、靶心度的大小判断优劣（党耀国，2010）。特别当靶心距 $d(u_i, r_0)$ 大于临界值 d_0 时，可根据具体问题一票否决该对策。

例 2.12　旅游市场竞争力可用旅游总收入占地区生产总值比重 D_1、国内旅游收入 D_2、旅游外汇收入 D_3、人均接待游客数 D_4、接待国内游客数 D_5、接待入境游客数 D_6 等 6 个指标进行评价，指标权重 $\omega=(0.18, 0.21, 0.16, 0.15, 0.18, 0.12)$（王琪延与罗洞，2009）。2018 年北京市、上海市、天津市、重庆市 4 个中国直辖市的统计数据如表 2－3 所示，应用灰靶决策评价旅游市场竞争力。

表 2－3　　　　旅游行业统计数据

城市	常住人口总数（万人）	地区生产总值（亿元）	旅游总收入（亿元）	国内旅游收入（亿元）	旅游外汇收入（亿美元）	接待游客总数（万人）	接待国内游客数（万人次）	接待入境游客数（万人次）
北京	2154.2	30319.98	5942.4	5556	55.2	31400.4	31000	400.4
上海	2423.78	32679.87	4993.12	4477.15	73.71	34870.58	33976.87	893.71
天津	1559.6	18809.64	3918.59	3840.89	11.1	22898.31	22700	198.31
重庆	3101.79	20363.19	4344	4190.7	21.9	59723.71	59335.69	388.02

资料来源：北京、上海、天津、重庆市 2018 年统计公报。

Step1　将统计数据转换为指标数据。

与评价指标对应的数据如表 2－4 所示。

表 2－4　　　　评价指标数据

城市	旅游总收入占地区生产总值比重（%）	国内旅游收入（亿元）	旅游外汇收入（亿美元）	人均接待游客数（人）	接待国内游客数（万人次）	接待入境游客数（万人次）
北京	19.60	5556.00	55.2	14.6	31000	400.4
上海	15.28	4477.15	73.71	14.4	33976.87	893.71
天津	20.83	3840.89	11.1	14.7	22700	198.31
重庆	21.33	4190.7	21.9	19.3	59335.69	388.02

资料来源：北京、上海、天津、重庆市 2018 年统计公报。

Step2　数据预处理。

因指标数据量级差别很大，使用 min－max 公式$\frac{x-X_{min}}{X_{max}-X_{min}}$对原

始数据进行归一化处理，结果如表 2-5 所示。

表 2-5　　归一化处理统计数据

城市	D'_1	D'_2	D'_3	D'_4	D'_5	D'_6
北京	0.71	1.00	0.70	0.04	0.23	0.29
上海	0.00	0.37	1.00	0.00	0.31	1.00
天津	0.92	0.00	0.00	0.06	0.00	0.00
重庆	1.00	0.20	0.17	0.99	1.00	0.27

Step3　确定靶心。

取各指标最优值，即 $r_0=(1, 1, 1, 1, 1, 1)$ 作为靶心。

Step4　计算靶心距。

计算各城市旅游竞争力的靶心距。

$$
\begin{aligned}
d(u_1, r_0) &= [\omega(1)\times(u_{11}-r_0(1))^2+\omega(2)\times(u_{12}-r_0(2))^2 \\
&\quad +\omega(m)\times(u_{1m}-r_0(m))^2]^{\frac{1}{2}} \\
&=(0.18\times(0.71-1)^2+0.21\times(1-1)^2+0.16 \\
&\quad \times(0.70-1)^2+0.15\times(0.04-1)^2+0.18 \\
&\quad \times(0.23-1)^2+0.12\times(0.29-1)^2)^{1/2} \\
&=0.580
\end{aligned}
$$

同理，$d(u_2, r_0)=0.707$，$d(u_3, r_0)=0.897$，$d(u_4, r_0)=0.553$。

Step5　分析结果。

可知重庆市旅游竞争力的最优值靶心距最小，表明重庆市的旅游竞争力最强，其次是北京市、上海市、天津市。2018 年以来，重庆市成为全国旅游最热门的网红城市，也验证了本例分析结论。但需要指出的是，评估结果会受到指标权重与统计数据的影响，特别是游客人次与参与统计的景点数量直接相关，会对结果产生很大影响。

加权灰靶决策模型 Matlab 程序代码如程序 2－12 所示，程序运行结果画面如图 2－14 所示。

```
% ************************************************************
%  程序编号:程序 2－12
%  程序名称:wgtd.m,加权灰靶决策模型。
%  程序功能:利用加权灰靶决策模型进行评价。
% ************************************************************
clear all;
r0 = input('请输入靶心,即最优效果向量(格式为[1 1 1 1 1 1])\n:');
c = input('请输入各决策目标权重(格式为[0.18 0.21 0.16 0.15 0.18 0.12])\n:');
U = input('请输入各局势的效果向量,行是局势,列是效果向量(格式为[0.71 1.00 0.70 0.04 0.23 0.29;0.00 0.37 1.00 0.00 0.31 1.00;0.92 0.00 0.00 0.06 0.00 0.00;1.00 0.20 0.17 0.99 1.00 0.27])\n:');
[n m] = size(U);
%计算各局势的靶心距
for i = 1:n;
    tmp = 0;
    for j = 1:m;
        tmp = tmp + c(j) * (U(i,j) - r0(j))^2;
    end;
    r(i) = tmp^0.5;
```

```
end;
clc;
disp('输入的靶心为:');
disp(r0);
disp('输入的各局势效果向量矩阵为:');
disp(U);
disp('各局势靶心距为:');
disp(r);
```

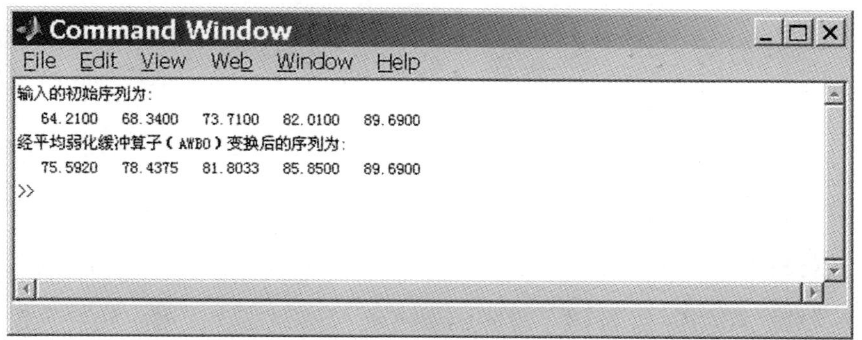

图 2-14　加权灰靶决策模型计算结果

第四节　本章小结

本章系统介绍了灰色系统理论基本方法，通过具体实例，给出了详细的求解步骤与完整的程序代码。

第三章

分数阶灰色预测模型

第一节　分数阶算子

进入 20 世纪 70 年代以来，在高能物理、反常扩散、复杂黏弹性材料力学本构关系、系统控制、流变性、分形理论、地球物理、生物医学工程、经济学等诸多领域出现大量分数阶应用，分数阶相关理论与应用研究在国际上已成为一个热点。

灰色累加生成是使灰色过程由灰变白的一种方法，在灰色系统理论中占有极其重要的地位。通过灰色累加生成，可以看出灰量积累过程的发展态势，使离散的原始数据中蕴含的积分特性或规律充分暴露出来。现有灰色预测模型主要基于一阶累加生成序列建模，再一阶累减还原得到预测值。对分数阶累加生成算子与分数阶累减生成算子，基于分数阶累加生成算子与分数阶累减生成算子的灰色预测模型还研究较少。在 0 阶与整数阶之间必然还存在分数阶，通过分数阶可以精确调节累加数之间的数量级。本研究重点将一阶累加生成算子拓展为分数阶累加生成算子，将一阶累减生成算子拓展为分数阶累减生成算子。在分数阶累加生成算子与分数阶累减生成算子基础上建立分数阶算子灰色预测模型，不再仅仅将一阶累加生成序列作为建模序列，而是通过对累加生成算子的阶数进行调节，通过调节阶数生成目标序列，以提高灰色预测模型的拟合精度。

一、分数阶灰色累加生成算子

定义 3.1　设 $X^{(0)}=(x^{(0)}(1), x^{(0)}(2), \cdots, x^{(0)}(n))$ 为原始数据序列，D 为算子运算符，$X^{(0)}D=(x^{(0)}(1)d, x^{(0)}(2)d, \cdots, x^{(0)}(n)d)$，其中：

$$x^{(0)}(k)d=\sum_{i=1}^{k}x^{(0)}(i), k=1, 2, \cdots, n \tag{3.1}$$

则称 D 为 $X^{(0)}$ 的一阶累加生成算子，记为 1 - AGO。

定义 3.2　称 $x^{(1)}(k)=\sum_{i=1}^{k}x^{(0)}(i)$ 是原始数据 $x^{(0)}(k)$ 的一阶累加生成数据，$X^{(1)}=(x^{(1)}(1), x^{(1)}(2), \cdots, x^{(1)}(n))$ 为 $X^{(0)}$ 的一阶累加生成序列。

定义 3.3　设 $r=\mathbf{R}^{+}$，$X^{(0)}=(x^{(0)}(1), x^{(0)}(2), \cdots, x^{(0)}(n))$ 为原始序列，$X^{(r)}=(x^{(r)}(1), x^{(r)}(2), \cdots, x^{(r)}(n))$ 为 $X^{(0)}$ 的 r 阶累加生成算子（孟伟，2015），其中：

$$x^{(r)}(k)=\sum_{i=1}^{k}\frac{\Gamma(r+k-i)}{\Gamma(k-i+1)\Gamma(r)}x^{(0)}(i), k=1, 2, \cdots, n \tag{3.2}$$

特别当 $r=1$ 时，

$$X^{(1)}=\begin{bmatrix}x^{(1)}(1)\\ \vdots\\ x^{(1)}(k)\\ \vdots\\ x^{(1)}(n)\end{bmatrix}=\begin{bmatrix}1 & \cdots & 0 & \cdots & 0\\ 1 & \vdots & \vdots & \vdots & 0\\ 1 & \cdots & 1 & \cdots & 0\\ 1 & \vdots & \vdots & \vdots & 0\\ 1 & \cdots & 1 & \cdots & 1\end{bmatrix}\cdot\begin{bmatrix}x^{(0)}(1)\\ \vdots\\ x^{(0)}(k)\\ \vdots\\ x^{(0)}(n)\end{bmatrix}$$，即为一阶累加生成算子。

定义 3.4 设 $X^{(0)}=(x^{(0)}(1), x^{(0)}(2), \cdots, x^{(0)}(n))$ 为原始序列，$X^{(r)}=(x^{(r)}(1), x^{(r)}(2), \cdots, x^{(r)}(n))$ 如定义 3.3 所示，

$$x^{(r)}(k)=\left(\frac{\Gamma(r+k-1)}{\Gamma(k)\Gamma(r)} \quad \frac{\Gamma(r+k-2)}{\Gamma(k-1)\Gamma(r)} \quad \cdots \quad \frac{\Gamma(r)}{\Gamma(1)\Gamma(r)}\right)\cdot\begin{pmatrix}x^{(0)}(1)\\ x^{(0)}(2)\\ \cdots\\ x^{(0)}(k)\end{pmatrix},\ k=1, 2, \cdots, n \tag{3.3}$$

是 r 阶灰色累加生成算子的矩阵表达式。

例 3.1 设原始序列 $X^{(0)}=(x^{(0)}(1), x^{(0)}(2), x^{(0)}(3), x^{(0)}(4), x^{(0)}(5))$，$n=5$，

当 $r=1/3$ 时，

$$X^{(1/3)}=\begin{bmatrix}x^{(1/3)}(1)\\ x^{(1/3)}(2)\\ x^{(1/3)}(3)\\ x^{(1/3)}(4)\\ x^{(1/3)}(5)\end{bmatrix}=\begin{bmatrix}1 & 0 & 0 & 0 & 0\\ \frac{1}{3} & 1 & 0 & 0 & 0\\ \frac{2}{9} & \frac{1}{3} & 1 & 0 & 0\\ \frac{14}{81} & \frac{2}{9} & \frac{1}{3} & 1 & 0\\ \frac{35}{243} & \frac{14}{81} & \frac{2}{9} & \frac{1}{3} & 1\end{bmatrix}\cdot\begin{bmatrix}x^{(0)}(1)\\ x^{(0)}(2)\\ x^{(0)}(3)\\ x^{(0)}(4)\\ x^{(0)}(5)\end{bmatrix}$$

当 $r=1/2$ 时，

$$X^{(1/2)}=\begin{bmatrix}x^{(1/2)}(1)\\x^{(1/2)}(2)\\x^{(1/2)}(3)\\x^{(1/2)}(4)\\x^{(1/2)}(5)\end{bmatrix}=\begin{bmatrix}1&0&0&0&0\\\frac{1}{2}&1&0&0&0\\\frac{3}{8}&\frac{1}{2}&1&0&0\\\frac{5}{16}&\frac{3}{8}&\frac{1}{2}&1&0\\\frac{35}{128}&\frac{5}{16}&\frac{3}{8}&\frac{1}{2}&1\end{bmatrix}\cdot\begin{bmatrix}x^{(0)}(1)\\x^{(0)}(2)\\x^{(0)}(3)\\x^{(0)}(4)\\x^{(0)}(5)\end{bmatrix}$$

特别，当 $r=1$ 时，$X^{(1)}$ 为一阶累加生成序列。

$$X^{(1)}=\begin{bmatrix}x^{(1)}(1)\\x^{(1)}(2)\\x^{(1)}(3)\\x^{(1)}(4)\\x^{(1)}(5)\end{bmatrix}=\begin{bmatrix}1&0&0&0&0\\1&1&0&0&0\\1&1&1&0&0\\1&1&1&1&0\\1&1&1&1&1\end{bmatrix}\cdot\begin{bmatrix}x^{(0)}(1)\\x^{(0)}(2)\\x^{(0)}(3)\\x^{(0)}(4)\\x^{(0)}(5)\end{bmatrix}$$

例 3.2　2014 ~ 2018 年，中国国内生成总值数据序列为：

$X_0=X^{(0)}=(64.210,\ 68.339,\ 73.707,\ 82.010,\ 89.692)$（单位：万亿元），经计算可得：

$X_1=X^{(1/4)}=(64.210,\ 84.391,\ 100.820,\ 118.640,\ 135.830)$

$X_2=X^{(1/3)}=(64.21,\ 89.742,\ 110.76,\ 132.86,\ 154.47)$

$X_3=X^{(1/2)}=(64.210,\ 100.440,\ 131.960,\ 164.560,\ 197.250)$

$X_4=X^{(2/3)}=(64.210,\ 111.150,\ 154.940,\ 200.820,\ 248.130)$

$X_5=X^{(3/4)}=(64.210,\ 116.500,\ 167.100,\ 220.760,\ 276.890)$

$X_6=X^{(1)}=(64.21,\ 132.55,\ 206.26,\ 288.27,\ 377.96)$

$$(X^{(1/4)})^{(3/4)} = (X^{(3/4)})^{(1/4)} = (X^{(1/3)})^{(2/3)} = (X^{(2/3)})^{(1/3)} = (X^{(1/2)})^{(1/2)} = X^{(1)}$$

原始数据序列与分数阶累加生成序列曲线如图 3－1 所示。由计算结果可直观验证，分数阶累加生成序列满足不动点定理、交换律与指数律，且分数阶累加生成算子的阶数值 r 越大，累加数据序列增长幅度越大。

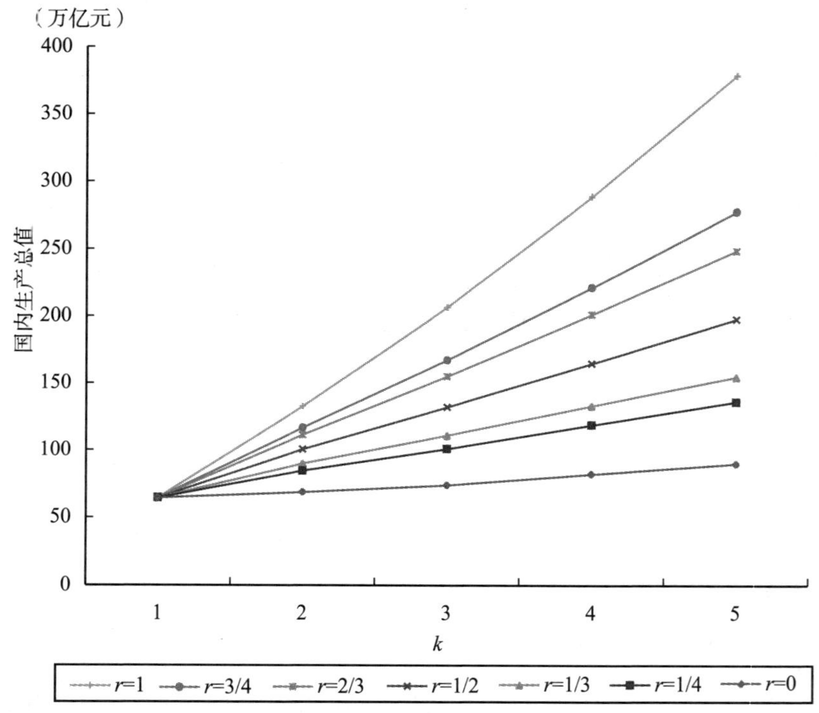

图 3－1　不同阶数取值的分数阶累加生成序列

例 3.3　设原始序列 $X_0 = (12.294,\ 12.889,\ 13.733,\ 14.93,\ 16.63)$，取随机数，$r = 0.4831$，

$$X_1 = X_0^{(0.4831)} = (12.294,\ 12.889,\ 13.733,\ 14.93,\ 16.63)^{(0.4831)}$$
$$= (12.294,\ 18.828,\ 24.364,\ 29.827,\ 35.759)$$

$$X_2 = X_1^{(-0.4831)} = (12.294,\ 18.828,\ 24.364,\ 29.827,\ 35.759)^{(-0.4831)}$$
$$= (12.294,\ 12.889,\ 13.733,\ 14.93,\ 16.631) = X_0$$
$$X_3 = X_0^{(-0.4831)} = (12.294,\ 12.889,\ 13.733,\ 14.93,\ 16.63)^{(-0.4831)}$$
$$= (12.294,\ 6.9498,\ 5.9713,\ 5.9102,\ 6.4006)$$
$$X_4 = X_3^{(0.4831)} = (12.294,\ 6.9498,\ 5.9713,\ 5.9102,\ 6.4006)^{(0.4831)}$$
$$= (12.294,\ 12.889,\ 13.733,\ 14.93,\ 16.63) = X_0$$

分数阶累加生成算子模型 Matlab 程序代码如程序 3－1 所示，程序运行结果画面如图 3－2 所示，输出曲线如图 3－3 所示。

```
% ************************************************************
%   程序编号:程序 3 - 1
%   程序名称:ago.m,分数阶累加生成算子。
%   程序功能:计算原始序列的分数阶累加生成序列。
% ************************************************************
clear all;
%原始数据序列 X0
X0 = [64.210 68.339 73.707 82.010 89.692];
%累加生成算子阶数 r
r = 1/2;
n = size(X0,2);
for k = 1:n
    tmp = 0;
    for i = 1:k
%计算 Xr(k)系数
        xishu(k,i) = gamma(r + k - i)/(gamma(k - i + 1) * gamma(r));
        tmp = tmp + xishu(k,i) * X0(i);
```

```
        end
    % 计算 Xr(k)
        Xr(k) = tmp;
    end
    % 系数矩阵分数形式
    rats(xishu);
    clc;
    % 输出原始序列 X0 与分数阶累加生成序列 Xr
    disp('输入的原始序列 X0 为:');
    disp(X0);
    disp(['X0 的',num2str(r),'阶累加生成序列为:']);
    disp(Xr);
    % 绘制原始序列 X0 与分数阶累加生成序列 Xr 图形
    k = 1:1:n;
    plot(k,X0,'+ -',k,Xr,'* -');
    legend('X^{(0)}','X^{(r)}',0);
```

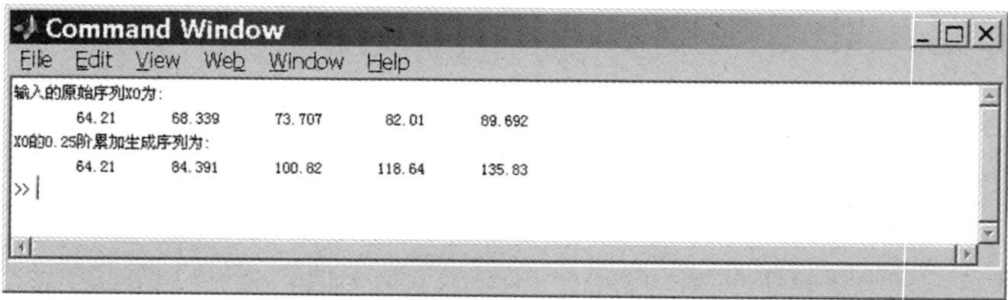

图 3－2　分数阶累加生成算子 Matlab 程序计算结果

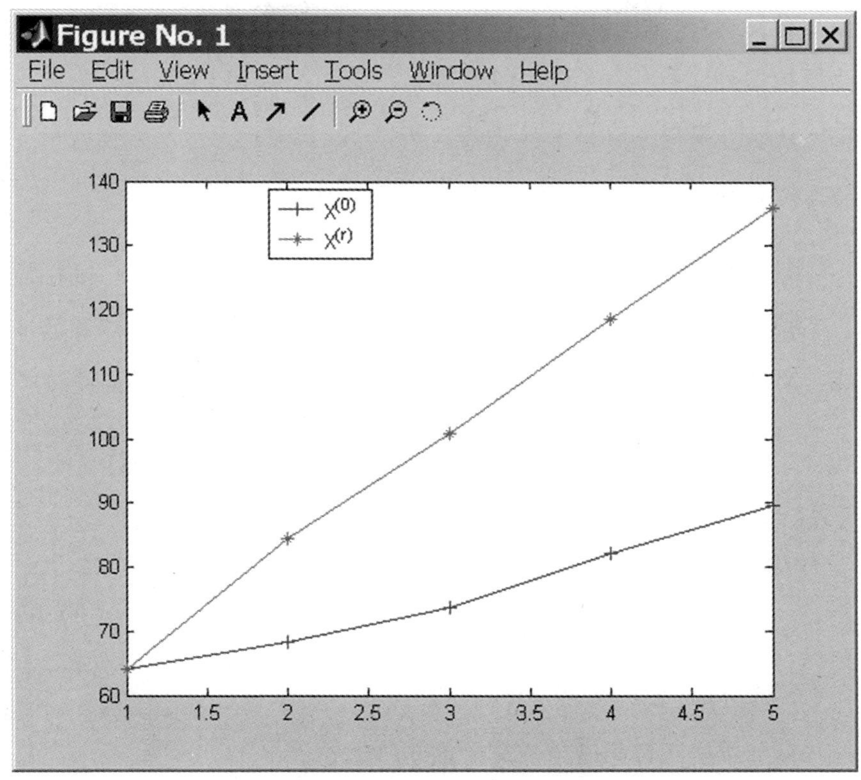

图3－3　分数阶累加生成算子 Matlab 程序输出曲线

二、分数阶累减生成算子

定义3.5　设 $X^{(0)}=(x^{(0)}(1),\ x^{(0)}(2),\ \cdots,\ x^{(0)}(n))$ 为原始数据序列，D 为序列算子，$X^{(0)}D=(x^{(0)}(1)d,\ x^{(0)}(2)d,\ \cdots,\ x^{(0)}(n)d)$，

若有：

$$x^{(0)}(k)d=x^{(0)}(k+1)-x^{(0)}(k),\ k=1,\ 2,\ \cdots,\ n \tag{3.4}$$

则称 D 为 $X^{(0)}$ 的一阶累减生成算子，记为1－RGO。

定义 3.6 设 $r \in \mathbf{R}^{+}$，$X^{(0)} = (x^{(0)}(1), x^{(0)}(2), \cdots, x^{(0)}(n))$ 为原始序列，$X^{(-r)} = (x^{(-r)}(1), x^{(-r)}(2), \cdots, x^{(-r)}(n))$，为 $X^{(0)}$ 的 r 分数阶累减生成算子（孟伟，2015），其中：

$$x^{(-r)}(k) = \sum_{i=0}^{k-1} (-1)^{i} \frac{\Gamma(r+1)}{\Gamma(i+1)\Gamma(r-i+1)} x^{(0)}(k-i),$$

$$k = 1, 2, \cdots, n, k - i \geqslant 1 \tag{3.5}$$

定义 3.7 设 $X^{(0)} = (x^{(0)}(1), x^{(0)}(2), \cdots, x^{(0)}(n))$ 为原始序列，$X^{(-r)} = (x^{(-r)}(1), x^{(-r)}(2), \cdots, x^{(-r)}(n))$ 如定义 3.6 所示，

$$x^{(-r)}(k) = \begin{pmatrix} 1 & -r & \cdots & (-1)^{k-1}\frac{\Gamma(r+1)}{\Gamma(k)\Gamma(r-k+2)} \end{pmatrix} \cdot \begin{pmatrix} x^{(0)}(k) \\ x^{(0)}(k-1) \\ \cdots \\ x^{(0)}(r-k+1) \end{pmatrix}, k=1, 2, \cdots, n \tag{3.6}$$

是分数阶灰色累减生成算子的矩阵表达式。

例 3.4 设原始序列 $X^{(0)} = (x^{(0)}(1), x^{(0)}(2), x^{(0)}(3), x^{(0)}(4), x^{(0)}(5))$，$n=5$，

当 $r=1/2$ 时，

$$X^{(-1/2)} = \begin{bmatrix} x^{(-1/2)}(1) \\ x^{(-1/2)}(2) \\ x^{(-1/2)}(3) \\ x^{(-1/2)}(4) \\ x^{(-1/2)}(5) \end{bmatrix} = \begin{bmatrix} 1 & 0 & 0 & 0 & 0 \\ 1 & -\frac{1}{2} & 0 & 0 & 0 \\ 1 & -\frac{1}{2} & -\frac{1}{8} & 0 & 0 \\ 1 & -\frac{1}{2} & -\frac{1}{8} & -\frac{1}{16} & 0 \\ 1 & -\frac{1}{2} & -\frac{1}{8} & -\frac{1}{16} & -\frac{5}{128} \end{bmatrix}$$

$$\cdot\begin{bmatrix} x^{(0)}(1) & x^{(0)}(2) & x^{(0)}(3) & x^{(0)}(4) & x^{(0)}(5) \\ 0 & x^{(0)}(1) & x^{(0)}(2) & x^{(0)}(3) & x^{(0)}(4) \\ 0 & 0 & x^{(0)}(1) & x^{(0)}(2) & x^{(0)}(3) \\ 0 & 0 & 0 & x^{(0)}(1) & x^{(0)}(2) \\ 0 & 0 & 0 & 0 & x^{(0)}(1) \end{bmatrix}$$

特别，当 $r=1$ 时，$X^{(-1)}$ 为一阶累减生成序列。

$$X^{(-1)}=\begin{bmatrix} x^{(-1)}(1) \\ x^{(-1)}(2) \\ x^{(-1)}(3) \\ x^{(-1)}(4) \\ x^{(-1)}(5) \end{bmatrix}=\begin{bmatrix} 1 & 0 & 0 & 0 & 0 \\ 1 & -1 & 0 & 0 & 0 \\ 1 & -1 & 0 & 0 & 0 \\ 1 & -1 & 0 & 0 & 0 \\ 1 & -1 & 0 & 0 & 0 \end{bmatrix}\cdot\begin{bmatrix} x^{(0)}(1) \\ x^{(0)}(2) \\ x^{(0)}(3) \\ x^{(0)}(4) \\ x^{(0)}(5) \end{bmatrix}$$

例 3.5　2014 ~2018 年，中国国内生产总值序列为：

$X_0=X^{(0)}=(64.210, 68.339, 73.707, 82.010, 89.692)$（单位：万亿元），经计算可得：

$X_1=X^{(-1/4)}=(64.21, 52.287, 50.603, 53.665, 56.128)$

$X_2=X^{(-1/3)}=(64.21, 46.936, 43.793, 45.884, 47.305)$

$X_3=X^{(-1/2)}=(64.21, 36.234, 31.511, 32.601, 32.694)$

$X_4=X^{(-2/3)}=(64.21, 25.532, 21.013, 22.108, 21.605)$

$X_5=X^{(-3/4)}=(64.21, 20.182, 16.433, 17.815, 17.194)$

$X_6=X^{(-1)}=(64.21, 4.129, 5.368, 8.303, 7.682)$

$$(X^{(-1/4)})^{(-3/4)}=(X^{(-3/4)})^{(-1/4)}=(X^{(-1/3)})^{(-2/3)}=(X^{(-2/3)})^{(-1/3)}$$
$$=(X^{(-1/2)})^{(-1/2)}=X^{(-1)}$$

原始序列与分数阶累减生成序列曲线图如图 3 -4 所示。由算例结果可直观验证，分数阶累减生成算子满足不动点定理、交换律与指数律，且分数阶累减生成算子的阶数值 r 越大，累减数据序列减少幅度越大。

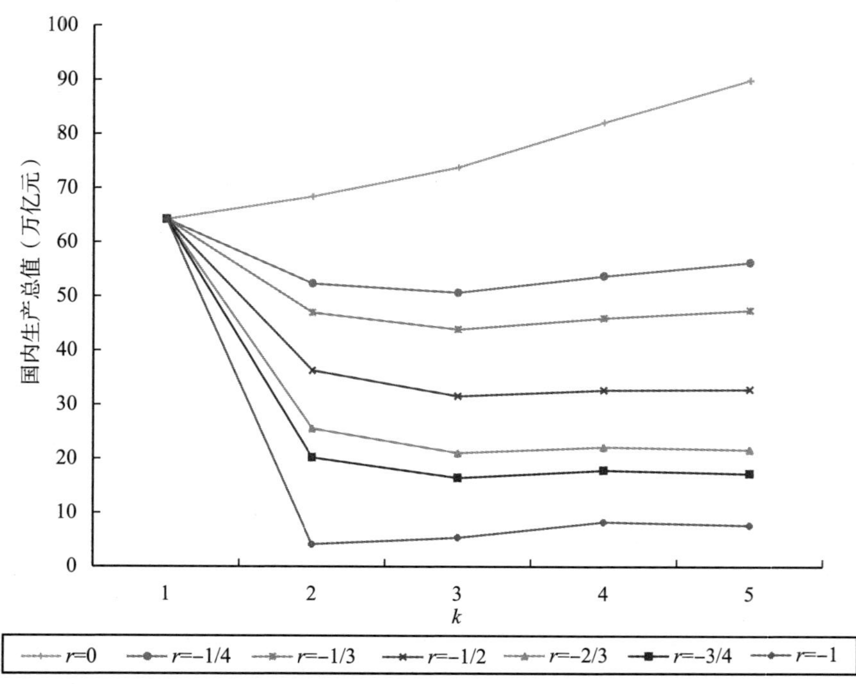

图 3-4　不同阶数取值的分数阶累减生成序列

分数阶累减生成算子模型 Matlab 程序代码如程序 3-2 所示，程序运行结果画面如图 3-5 所示，输出曲线如图 3-6 所示。

```
% ************************************************************
%   程序编号:程序 3-2
%   程序名称:rgo.m,分数阶累减生成算子。
%   程序功能:计算原始序列的分数阶累减生成序列。
```

```
% ************************************************************
clear all;
% 原始数据序列 X0
X0 = [64.210 68.339 73.707 82.010 89.692];
% 累减生成算子阶数 r
r = 1/2;
n = size(X0,2);
for k = 1:n;
% 计算 X_r(k)系数
    for i = 0:k - 1;
        if k - i> =1
            xishu(k,i + 1) = ( - 1)^i * gamma(r + 1)/(gamma(i + 1) * 
gamma(r - i + 1));
        else;
            xishu(k,i + 1) =0;
        end;
    end;
end;
% 计算 X_r(k)
for k = 1:n
    tmp =0;
    for i = 1:k
        tmp = tmp + X0(k + 1 - i) * xishu(k,i);
    end
    X_r(k) = tmp;
end
```

```
% 系数矩阵分数形式
rats(xishu);
clc;
% 输出原始序列 X0 与分数阶累减生成序列 X_r
disp('输入的原始序列 X0 为:');
disp(X0);
disp(['X0 的',num2str(r),'阶累减生成序列为:']);
disp(X_r);
% 绘制原始序列 X0 与分数阶累减生成序列 X_r 图形
k = 1:1:n;
plot(k,X0,'+ -',k,X_r,'* -');
legend('X^{(0)}','X^{( -r)}',0);
```

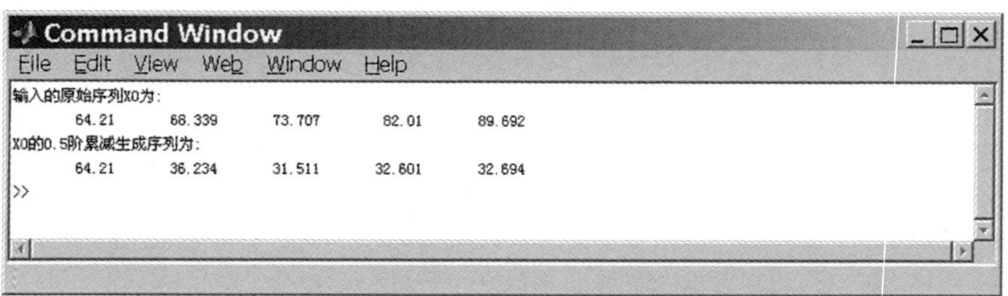

图 3－5　分数阶累减生成算子 Matlab 程序计算结果

三、分数阶算子性质

(一) 交换律与指数律

定理 3.1　设 $X^{(0)}=(x^{(0)}(1), x^{(0)}(2), \cdots, x^{(0)}(n))$ 为原始序列，$p\in\mathbf{R}^+$，$q\in\mathbf{R}^+$，$X^{(p)}$是$X^{(0)}$的 p 阶累加生成序列，$X^{(-q)}$是

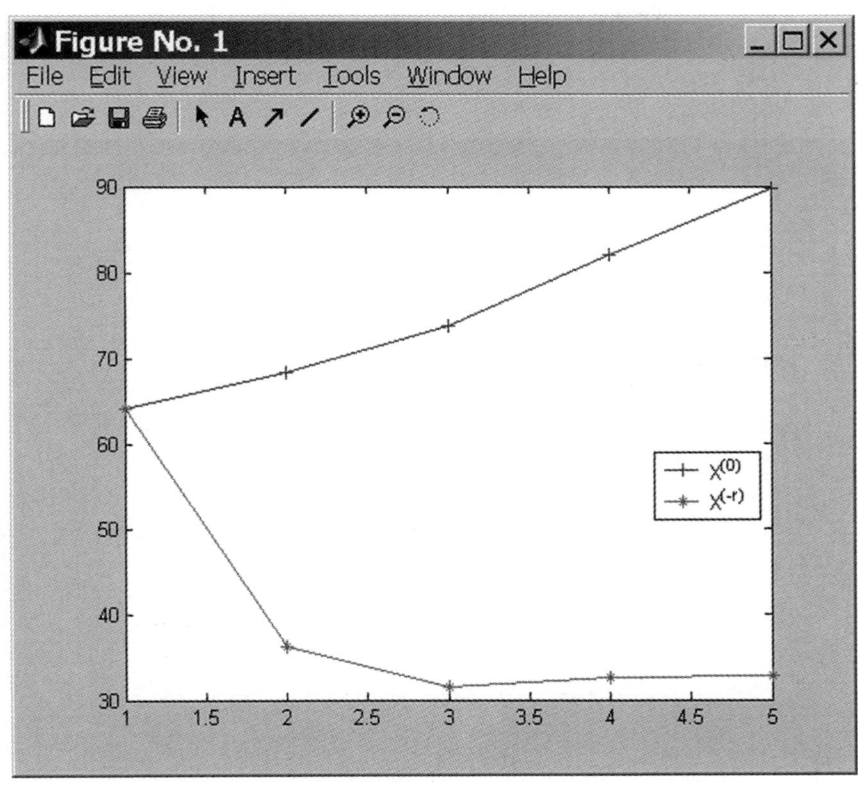

图 3－6　分数阶累减生成算子 Matlab 程序输出曲线

$X^{(0)}$的 q 阶累减生成序列，$(X^{(p)})^{(-q)}$是（$X^{(p)}$）的 q 阶累减生成序列，$(X^{(-q)})^{(p)}$是 $X^{(-q)}$的 p 阶累加生成序列，若 $p-q>0$，$X^{(p-q)}$是 $X^{(0)}$的 $p-q$ 阶累加生成序列，若 $p-q<0$，$X^{(p-q)}$是 $X^{(0)}$的 $q-p$ 阶累减生成序列，多重累减生成算子与累加生成算子满足交换律、指数律（孟伟，2015），即：

$$X^{(p-q)} = (X^{(p)})^{(-q)} = (X^{(-q)})^{(p)} \tag{3.7}$$

证明

利用随机数值模拟方式验证，生成随机数序列，

$X=(6.154, 7.919, 9.218, 7.382, 1.762, 4.057, 9.354, 9.169, 4.102)$

取随机数 $r=1.379$，对序列 X 进行累加生成，得到实验数据序列，

$X_0=(6.154, 16.405, 30.233, 44.453, 54.14, 65.034, 81.589, 100.29, 115.57)$

取随机数 $p=0.607$，$q=1.575$，

$$\begin{aligned}X_1=X_0^{(p-q)} &=(6.154, 16.405, 30.233, 44.453, 54.14, 65.034, 81.589, 100.29, 115.57)^{(0.607-1.575)}\\&=(6.154, 16.405, 30.233, 44.453, 54.14, 65.034, 81.589, 100.29, 115.57)^{(-0.968)}\\&=(6.154, 10.448, 14.258, 14.901, 10.537, 11.722, 17.445, 19.823, 16.61)\end{aligned}$$

$$\begin{aligned}X_2=X_0^{(p)} &=(6.154, 16.405, 30.233, 44.453, 54.14, 65.034, 81.589, 100.29, 115.57)^{(0.607)}\\&=(6.154, 20.14, 43.192, 73.414, 105.17, 140.83, 185.67, 239.43, 297.01)\end{aligned}$$

$$\begin{aligned}X_3=X_0^{(-q)} &=(6.154, 16.405, 30.233, 44.453, 54.14, 65.034, 81.589, 100.29, 115.57)^{(-1.575)}\\&=(6.154, 6.713, 7.182, 4.659, -0.991, 2.275, 7.439, 6.188, 0.733)\end{aligned}$$

$$\begin{aligned}X_4= (X_0^{(p)})^{(-q)} &=(6.154, 20.14, 43.192, 73.414, 105.17, 140.83, 185.67, 239.43, 297.01)^{(-1.575)}\\&=(6.154, 10.448, 14.258, 14.901,\end{aligned}$$

$$10.537,\ 11.722,\ 17.445,\ 19.823,$$
$$16.61) = X_1$$

$$\begin{aligned} X_4 = (X_0^{(-q)})^{(p)} &= (6.154,\ 6.713,\ 7.182,\ 4.659,\ -0.991,\\ &\quad 2.275,\ 7.439,\ 6.188,\ 0.733)^{(0.607)}\\ &= (6.154,\ 10.448,\ 14.258,\ 14.901,\ 10.537,\\ &\quad 11.722,\ 17.445,\ 19.823,\ 16.61) = X_1 \end{aligned}$$

任意随机序列均可以验证本定理成立。

（二）互逆性

推论 3.1　设 $X^{(0)}=(x^{(0)}(1),\ x^{(0)}(2),\ \cdots,\ x^{(0)}(n))$ 为原始序列，$r\in\mathbf{R}^+$，$X^{(r)}$是 $X^{(0)}$ 的 r 阶累加生成序列，$X^{(-r)}$ 是 $X^{(0)}$ 的 r 阶累减生成序列，r 阶累加生成算子与 r 阶累减生成算子互为逆运算，即：

$$X^{(0)}=(X^{(r)})^{(-r)}=(X^{(-r)})^{(r)} \tag{3.8}$$

根据定理 3.1，取 $p=q=r$，显然成立。

第二节　分数阶算子 GM（1，1）

一、模型定义

定义 3.8　设 $X^{(0)}=(x^{(0)}(1),\ x^{(0)}(2),\ \cdots,\ x^{(0)}(n))$ 为原始序列，$X^{(r)}$是 $X^{(0)}$ 的 r 阶累加生成序列，$Z^{(r)}=(z^{(r)}(2),\ z^{(r)}(3),\ \cdots,\ z^{(r)}(n))$ 是 $X^{(r)}$ 的紧邻均值生成序列，其中，

$$z^{(r)}(k)=\frac{x^{(r)}(k)+x^{(r)}(k-1)}{2},\ k=2,\ 3,\ \cdots,\ n$$

称：

$$x^{(r-1)}(k)+az^{(r)}(k)=b \tag{3.9}$$

为分数阶算子 GM（1，1）模型（孟伟，2015）。

特别当 $r=1$ 时，$x^{(r-1)}(k)+az^{(r)}(k)=b$ 变为 $x^{(0)}(k)+az^{(1)}(k)=b$，即均值 GM（1，1）模型。

二、模型求解方法

定理 3.2 设 $X^{(0)}=(x^{(0)}(1),\ x^{(0)}(2),\ \cdots,\ x^{(0)}(n))$ 为原始序列，$r\in\mathbf{R}^{+}$，$X^{(r)}$ 如定义 3.3 所示，$X^{(-r)}$ 如定义 3.6 所示，$Z^{(r)}$ 如定义 3.8 所示，分数阶算子 GM（1，1）模型 $x^{(r-1)}(k)+az^{(r)}(k)=b$ 中的参数向量 $\hat{\mathbf{a}}=[a,\ b]^{\mathrm{T}}$ 可以运用最小二乘法估计，

$$\hat{\mathbf{a}}=(\mathbf{B}^{\mathrm{T}}\mathbf{B})^{-1}\mathbf{B}^{\mathrm{T}}\mathbf{Y} \tag{3.10}$$

其中，$\mathbf{Y}$，$\mathbf{B}$ 分别为：

$$\mathbf{Y}=\begin{bmatrix} x^{(r-1)}(2) \\ x^{(r-1)}(3) \\ \vdots \\ x^{(r-1)}(n) \end{bmatrix},\ \mathbf{B}=\begin{bmatrix} -z^{(r)}(2) & 1 \\ -z^{(r)}(3) & 1 \\ \vdots & \vdots \\ -z^{(r)}(n) & 1 \end{bmatrix} \tag{3.11}$$

因：

$$\begin{aligned} x^{(r-1)}(k) &= x^{(r)}(k)-x^{(r)}(k-1) \\ &= \sum_{i=1}^{k}\frac{\Gamma(r+k-i)}{\Gamma(k-i+1)\Gamma(r)}x^{(0)}(i)-\sum_{i=1}^{k-1}\frac{\Gamma(r+k-i-1)}{\Gamma(k-i)\Gamma(r)} \\ &\quad x^{(0)}(i),\ k=2,\ 3,\ \cdots,\ n \end{aligned}$$

则：

$$z^{(r)}(k)=\frac{\sum_{i=1}^{k}\frac{\Gamma(r+k-i)}{\Gamma(k-i+1)\Gamma(r)}x^{(0)}(i)+\sum_{i=1}^{k-1}\frac{\Gamma(r+k-i)}{\Gamma(k-i+1)\Gamma(r)}x^{(0)}(i)}{2}$$

$$\mathbf{Y}=\begin{bmatrix}\sum_{i=1}^{2}\frac{\Gamma(r+2-i)}{\Gamma(2-i+1)\Gamma(r)}x^{(0)}(i)-\sum_{i=1}^{1}\frac{\Gamma(r+2-1-i)}{\Gamma(2-i)\Gamma(r)}x^{(0)}(i)\\ \sum_{i=1}^{3}\frac{\Gamma(r+3-i)}{\Gamma(3-i+1)\Gamma(r)}x^{(0)}(i)-\sum_{i=1}^{2}\frac{\Gamma(r+3-1-i)}{\Gamma(3-i)\Gamma(r)}x^{(0)}(i)\\ \vdots\\ \sum_{i=1}^{n}\frac{\Gamma(r+n-i)}{\Gamma(n-i+1)\Gamma(r)}x^{(0)}(i)-\sum_{i=1}^{n-1}\frac{\Gamma(r+n-1-i)}{\Gamma(n-i)\Gamma(r)}x^{(0)}(i)\end{bmatrix}$$

$$=\begin{bmatrix}(r-1)x^{(0)}(1)+x^{(0)}(2)\\ \frac{r(r-1)}{2}x^{(0)}(1)+(r-1)x^{(0)}(2)+x^{(0)}(3)+\\ \vdots\\ \sum_{i=1}^{n}\frac{\Gamma(r+n-i)}{\Gamma(n-i+1)\Gamma(r)}x^{(0)}(i)-\sum_{i=1}^{n-1}\frac{\Gamma(r+n-1-i)}{\Gamma(n-i)\Gamma(r)}x^{(0)}(i)\end{bmatrix}$$

$$\mathbf{B}=\begin{bmatrix}-\frac{x^{(r)}(1)+x^{(r)}(2)}{2} & 1\\ -\frac{x^{(r)}(2)+x^{(r)}(3)}{2} & 1\\ \vdots & \vdots\\ -\frac{x^{(r)}(n-1)+x^{(r)}(n)}{2} & 1\end{bmatrix}$$

$$=\begin{bmatrix}-\frac{1}{2}\left[\sum_{i=1}^{2}\frac{\Gamma(r+2-i)}{\Gamma(2-i+1)\Gamma(r)}x^{(0)}(i)+\sum_{i=1}^{1}\frac{\Gamma(r+1-i)}{\Gamma(1-i+1)\Gamma(r)}x^{(0)}(i)\right] & 1\\ -\frac{1}{2}\left[\sum_{i=1}^{3}\frac{\Gamma(r+3-i)}{\Gamma(3-i+1)\Gamma(r)}x^{(0)}(i)+\sum_{i=1}^{2}\frac{\Gamma(r+2-i)}{\Gamma(2-i+1)\Gamma(r)}x^{(0)}(i)\right] & 1\\ \vdots & \vdots\\ -\frac{1}{2}\left[\sum_{i=1}^{n}\frac{\Gamma(r+n-i)}{\Gamma(n-i+1)\Gamma(r)}x^{(0)}(i)+\sum_{i=1}^{n-1}\frac{\Gamma(r+n-1-i)}{\Gamma(n-1-i+1)\Gamma(r)}x^{(0)}(i)\right] & 1\end{bmatrix}$$

$$= \begin{bmatrix} -\frac{1}{2}[(r+1)x^{(0)}(1)+x^{(0)}(2)] & 1 \\ -\frac{1}{2}\left[\frac{r(r+3)}{2}x^{(0)}(1)+(r+1)x^{(0)}(2)+x^{(0)}(3)\right] & 1 \\ \vdots & \vdots \\ -\frac{1}{2}\left[\sum_{i=1}^{n}\frac{\Gamma(r+n-i)}{\Gamma(n-i+1)\Gamma(r)}x^{(0)}(i)+\sum_{i=1}^{n-1}\frac{\Gamma(r+n-i)}{\Gamma(n-i+1)\Gamma(r)}x^{(0)}(i)\right] & 1 \end{bmatrix}$$

定义 3.9 称：

$$\frac{dx^{(r)}}{dt}+ax^{(r)}=b \tag{3.12}$$

为分数阶算子 GM（1，1）模型 $x^{(r-1)}(k)+az^{(r)}(k)=b$ 的白化微分方程。

定理 3.3 设 $\mathbf{B}$、$\mathbf{Y}$、$\hat{\mathbf{a}}$ 如定理 3.2 所述，$\hat{\mathbf{a}}=[a,\ b]^{\mathrm{T}}=(\mathbf{B}^{\mathrm{T}}\mathbf{B})^{-1}\mathbf{B}^{\mathrm{T}}\mathbf{Y}$，则：

（1）分数阶算子 GM（1，1）模型的白化微分方程 $\frac{dx^{(r)}}{dt}+ax^{(r)}=b$ 解，即时间响应函数为：

$$\hat{x}^{(r)}(t)=\left(x^{(r)}(1)-\frac{b}{a}\right)e^{-at}+\frac{b}{a} \tag{3.13}$$

（2）分数阶算子 GM（1，1）模型 $x^{(r-1)}(k)+az^{(r)}(k)=b$ 的时间响应序列为：

$$\hat{x}^{(r)}(k)=\left(x^{(0)}(1)-\frac{b}{a}\right)e^{-a(k-1)}+\frac{b}{a},\ k=2,\ 3,\ \cdots,\ n \tag{3.14}$$

（3）还原值为：

$$\begin{cases}\hat{x}^{(0)}(k) = (\hat{x}^{(r)})^{(-r)}(k) = \sum_{i=0}^{k-1}(-1)^i \dfrac{\Gamma(r+1)}{\Gamma(i+1)\Gamma(r-i+1)} \\ \hat{x}^{(r)}(k-i),\ k=2,\ \cdots,\ n \\ \hat{x}^{(0)}(1) = x^{(0)}(1)\end{cases} \tag{3.15}$$

例 3.6　2014～2018 年中国研究与试验发展（R&D）经费（单位：万亿元）支出序列为：

$X^{(0)}=(1.302,\ 1.417,\ 1.568,\ 1.761,\ 1.966)$，利用分数阶算子 GM（1，1）建立预测模型。

取分数阶算子 GM（1，1）模型的参数 $r=1.5$ 试算，计算步骤如下。

步骤 1　计算 $X^{(0)}$ 的 r 阶累加生成序列 $X^{(r)}$。

根据 r 阶累加生成算子公式：

$$x^{(r)}(k) = \sum_{i=1}^{k}\frac{\Gamma(r+k-i)}{\Gamma(k-i+1)\Gamma(r)}x^{(0)}(i),\ k=1,\ 2,\ \cdots,\ n$$

$X^{(1.5)}=(1.302,\ 3.370,\ 6.135,\ 9.618,\ 13.851)$

步骤 2　对 $X^{(r)}$ 作紧邻均值生成序列 $Z^{(r)}$。

令 $z^{(r)}(k)=\dfrac{x^{(r)}(k)+x^{(r)}(k-1)}{2}$，$k=2,\ 3,\ \cdots,\ n$

$Z^{(1.5)}=(2.336,\ 4.752,\ 7.876,\ 11.735)$

步骤 3　计算 $X^{(r)}$ 的一阶累减生成序列 $X^{(r-1)}$。

根据一阶累减生成公式：

$x^{(r-1)}(k)=(x^{(r)})^{(-1)}(k)=x^{(r)}(k)-x^{(r)}(k-1)$，$k=1,\ 2,\ \cdots,\ n$

$X^{(r-1)}=X^{(0.5)}=(1.302,\ 2.068,\ 2.765,\ 3.483,\ 4.233)$

步骤 4　求解参数 $\hat{\boldsymbol{a}}=[a,\ b]^{\mathrm{T}}$。

按最小二乘法估计参数列，有 $\hat{\mathbf{a}}=[a,\ b]^{\mathrm{T}}=(\mathbf{B}^{\mathrm{T}}\mathbf{B})^{-1}\mathbf{B}^{\mathrm{T}}\mathbf{Y}$，其中：

$$\mathbf{B}=\begin{bmatrix}-z^{(r)}(2) & 1\\ -z^{(r)}(3) & 1\\ \vdots & \vdots\\ -z^{(r)}(n) & 1\end{bmatrix}=\begin{bmatrix}-z^{(1.5)}(2) & 1\\ -z^{(1.5)}(3) & 1\\ -z^{(1.5)}(4) & 1\\ -z^{(1.5)}(5) & 1\end{bmatrix}=\begin{bmatrix}-2.336 & 1\\ -4.752 & 1\\ -7.876 & 1\\ -11.735 & 1\end{bmatrix}$$

$$\mathbf{Y}=\begin{bmatrix}x^{(r-1)}(2)\\ x^{(r-1)}(3)\\ \vdots\\ x^{(r-1)}(n)\end{bmatrix}=\begin{bmatrix}x^{(0.5)}(2)\\ x^{(0.5)}(3)\\ x^{(0.5)}(4)\\ x^{(0.5)}(5)\end{bmatrix}=\begin{bmatrix}2.068\\ 2.765\\ 3.483\\ 4.233\end{bmatrix}$$

得 $\hat{\mathbf{a}}=(\mathbf{B}^{\mathrm{T}}\mathbf{B})^{-1}\mathbf{B}^{\mathrm{T}}\mathbf{Y}=\begin{bmatrix}-0.228\\ 1.6133\end{bmatrix}$

步骤 5 确定 $\hat{x}^{(r)}(k)$ 时间响应式。

分数阶算子 GM（1，1）模型对应的微分方程为：

$$\frac{dx^{(r)}}{dt}-0.228x^{(r)}=1.613$$

时间响应函数为：

$$\hat{x}^{(1.5)}(t)=\left(x^{(0)}(1)-\frac{b}{a}\right)e^{-at}+\frac{b}{a}=8.368e^{0.228t}-7.066$$

得 $\hat{x}^{(1,5)}(k)$ 的时间响应式为：

$$\hat{x}^{(1.5)}(k)=8.368e^{0.228k}-7.066,\ k=2,\ 3,\ \cdots,\ n$$

步骤 6 计算 $X^{(r)}$ 的模拟值。

$$\hat{X}^{(1.5)}=(1.302,\ 3.448,\ 6.145,\ 9.534,\ 13.791)$$

步骤 7 还原求出 $\hat{X}^{(0)}$ 的模拟值。

由 $\hat{x}^{(0)}(k)=(\hat{x}^{(r)})^{(-r)}(k)=\sum_{i=0}^{k-1}(-1)^{i}\dfrac{\Gamma(r+1)}{\Gamma(i+1)\Gamma(r-i+1)}$

$\hat{x}^{(r)}(k-i)$, $k=2, 3, \cdots, n$

得 $\hat{X}^{(0)}=(1.302, 1.495, 1.461, 1.690, 2.041)$

步骤 8 误差检验。

残差检验公式：$\varepsilon(k)=x^{(0)}(k)-\hat{x}^{(0)}(k)$，$k=2, 3, \cdots, n$

相对误差检验公式：$\Delta_k=\dfrac{|\varepsilon(k)|}{x^{(0)}(k)}$，$k=2, 3, \cdots, n$

平均相对误差检验公式：$\Delta=\dfrac{1}{n-1}\sum_{k=2}^{n}\Delta_k$

同理，可计算 $r=0$、$r=0.5$、$r=1$ 时的分数阶算子 GM（1，1）模型对原始数据序列 $X^{(0)}=(1.302, 1.417, 1.568, 1.761, 1.966)$ 的模拟值。$r=0$ 时，是 GM（1，1）直接建模；$r=1$ 时，是 GM（1，1）模型。阶数 r 取不同值时的模拟值拟合图如图 3－7 所示。

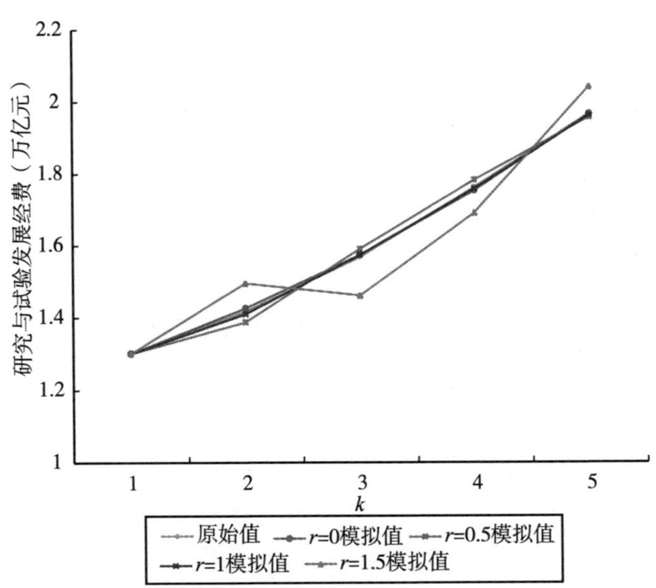

图 3－7 不同阶数取值的分数阶算子 GM（1，1）模型预测值拟合图

分数阶算子 GM（1，1）在 $r=1$ 与 $r=1.5$ 时的预测值、残差、相对误差与平均相对误差如表 1 所示。从表 3-1 可知，$r=1$ 的分数阶算子 GM（1，1）模型即均值 GM（1，1）模型，其模拟精度高于 $r=1.5$ 时的分数阶算子 GM（1，1）模型。分数阶算子 GM（1，1）模型要取得比 $r=1$ 特例的 GM（1，1）模型更高的拟合精度，需要对阶数 r 取值进行优化。

表 3-1　分数阶算子 GM（1，1）在 $r=1$ 与 $r=1.5$ 时误差检验表

序号 k	$x^{(0)}(k)$	GM（1，1）			分数阶算子 GM（1，1）（$r=1.5$）		
		$\hat{x}^{(0)}(k)$	$\varepsilon(k)$	$\Delta_k(\%)$	$\hat{x}^{(0)}(k)$	$\varepsilon(k)$	$\Delta_k(\%)$
1	1.302	—	—	—	—	—	—
2	1.417	1.410	0.007	0.491	1.495	-0.078	5.526
3	1.568	1.574	-0.006	0.392	1.461	0.107	6.830
4	1.761	1.757	0.004	0.207	1.690	0.071	4.007
5	1.966	1.962	0.004	0.210	2.041	-0.075	3.828
平均相对误差 Δ		0.325%			5.048%		

资料来源：国家统计局，2018 年国民经济和社会发展统计公报，http：//www.stats.gov.cn/tjsj/zxfb/201902/t20190228_1651265.html。

分数阶 GM（1，1）模型 Matlab 程序代码如程序 3-3 所示；$r=1.5$ 时程序运行结果画面如图 3-8 所示，输出曲线如图 3-9 所示；$r=1$ 时程序运行结果画面如图 3-10 所示，输出曲线如图 3-11 所示。

```
% ***********************************************************
%   程序编号:程序 3-3
%   程序名称:fgm11.m,分数阶算子 GM(1,1)。
```

```
%   程序功能:应用分数阶算子 GM(1,1)进行预测。
% ********************************************************
clear all;
% X0 是原始数据序列.
X0 = [1.302 1.417 1.568 1.761 1.966];
% r 是阶数。如果 r=1,就是 GM(1,1).
r = 1.5;
n = numel(X0);
% Xr 是 X0 的 r 阶累加生成序列。如果 r=0,就是直接建模 GM(1,1).
if r = =0
    Xr = X0;
else
    for k = 1:n
        tmp = 0;
        for i = 1:k
            cc2(k,i) = gamma(r + k - i)/(gamma(k - i + 1) * gamma(r));
            tmp = tmp + cc2(k,i) * X0(i);
        end
        Xr(k) = tmp;
    end
end
% Zr 是 Xr 的紧邻均值生成序列.
for i = 2:n;
    Zr(i - 1) = (Xr(i) + Xr(i - 1))/2;
end;
```

```
    % Xr_1 是 Xr 的一阶累减生成序列.
    Xr_1(1) = X0(1);
    for k = 2:n;
        Xr_1(k) = Xr(k) - Xr(k-1);
    end;
    % 计算分数阶累减生成算子的系数.
    for k = 1:n;
        for i = 0:k-1;
            if k-i> =1
                cc1(k,i+1) = (-1)^i * gamma(r+1)/(gamma(i+1) *
gamma(r-i+1));
            else;
                cc1(k,i+1) = 0;
            end;
        end;
    end;
    % 计算 B 与 Y 的值.
    B = ones(n-1,2);
    Y = ones(n-1,1);
    for i = 1:n-1;
        Y(i,1) = Xr_1(i+1);
        B(i,1) = -Zr(i);
    end;
    % 计算 a 与 b 的值.
    E = inv(B' * B) * B' * Y;
```

```
a = E(1);
b = E(2);
% 计算 Xr 的模拟值.
XrF(1) = X0(1);
for k = 2:n
    XrF(k) = (X0(1) - b/a) * exp( - a * (k - 1)) + b/a;
end
% 计算 X0 的模拟值.
if r = = 0
    X0F = XrF;
else
    for k = 1:n
        tmp = 0;
        for i = 1:k
            tmp = tmp + XrF(k + 1 - i) * cc1(k,i);
        end
        X0F(k) = tmp;
    end
end
% 生成 MAPE 误差检验表.
A = zeros(n,5);
A(1,1) = 1;
A(1,2) = X0(1);
for k = 2:n;
    A(k,1) = k;
```

```
        A(k,2) = X0(k);
        A(k,3) = X0F(k);
        A(k,4) = A(k,2) - A(k,3);
        A(k,5) = 100 * abs(A(k,4))/A(k,2);
        A(k,6) = A(k,4)^2;
end;
% 计算模型的平均绝对相对误差与均方差.
MAPE = mean(A(2:n,5));
MSE = mean(A(2:n,6));
clc;
% 输出原始数据序列 X0.
disp('原始数据序列是:');
disp(X0);
% 输出误差检验表.
disp('误差检验表:');
disp('    序号  原始数据  模拟数据    模拟误差  误差(%)');
disp(A(:,1:5));
disp(['平均绝对相对误差(MAPE):',num2str(MAPE)]);
disp(['均方差(MSE):',num2str(MSE)]);
% 画出原始数据序列 X0 与模拟序列 X0F 的折线图.
k = 1:1:n;
plot(k,X0,'+ -',k,X0F,'* -');
legend('原始数据','模拟数据',0);
```

```
Command Window
File Edit View Web Window Help
原始数据序列是:
      1.302       1.417       1.568       1.761       1.966
误差检验表:
    序号  原始数据  模拟数据    模拟误差   误差(%)
           1       1.302           0           0           0
           2       1.417      1.4953   -0.078309      5.5264
           3       1.568      1.4609     0.10709        6.83
           4       1.761      1.6904    0.070561      4.0069
           5       1.966      2.0413   -0.075258       3.828
平均绝对相对误差(MAPE): 5.0478
均方差(MSE): 0.007061
>>
```

图 3-8　分数阶算子 GM（1，1）程序运行结果（r=1.5）

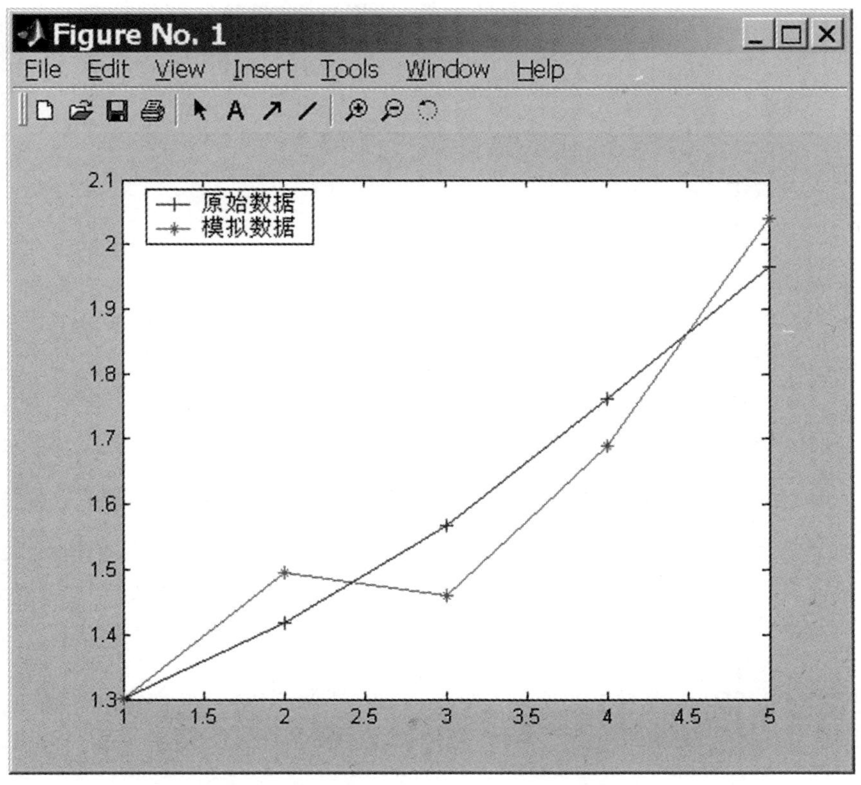

图 3-9　分数阶算子 GM（1，1）程序生成折线图（r=1.5）

Command Window

File Edit View Web Window Help

原始数据序列是:

1.302 1.417 1.568 1.761 1.966

误差检验表:

序号	原始数据	模拟数据	模拟误差	误差(%)
1	1.302	0	0	0
2	1.417	1.41	0.0069552	0.49084
3	1.568	1.5741	-0.0061476	0.39207
4	1.761	1.7573	0.0036512	0.20733
5	1.966	1.9619	0.0041287	0.21001

平均绝对相对误差(MAPE): 0.32506

均方差(MSE): 2.9136e-005

>>

图 3-10　分数阶算子 GM（1，1）程序运行结果（$r=1$）

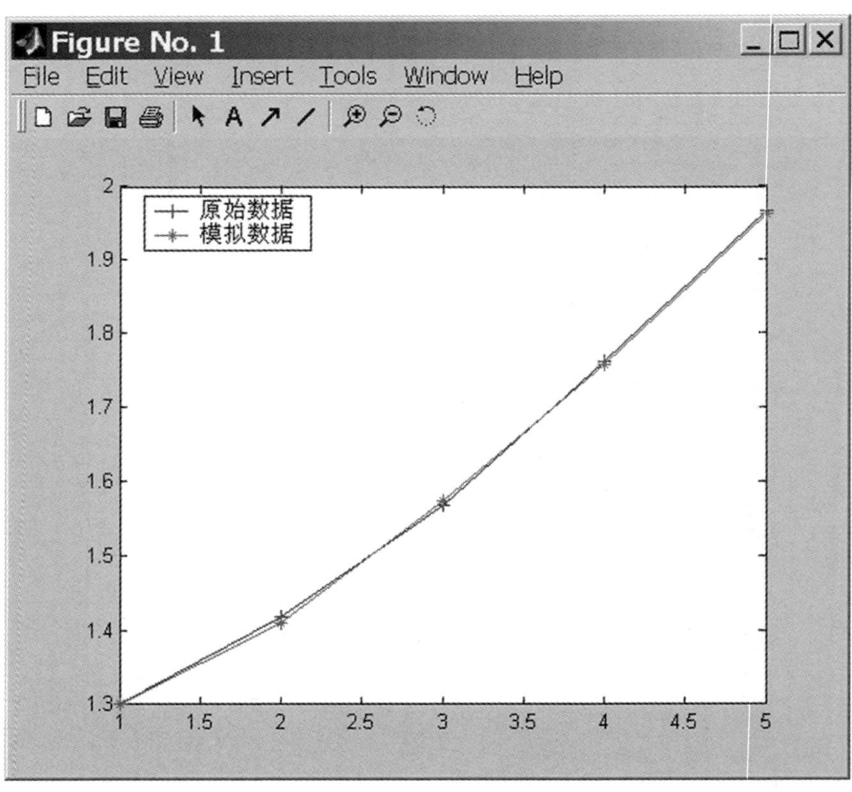

图 3-11　分数阶算子 GM（1，1）程序生成折线图（$r=1$）

三、阶数优化方法

粒子群优化算法（Particle Swarm Optimization，PSO）基本概念源于对鸟群觅食行为的研究（Eberhart & Kennedy，1995）。PSO 算法具有概念较简单，需要调整参数不多，易于编程实现等优点，已广泛应用于函数优化与神经网络训练等领域。

最小平均相对误差下分数阶算子 GM（1，1）模型的最优阶数在于求解如下最优化问题：

$$\min f(r) = \frac{1}{n-1}\sum_{k=2}^{n}\frac{\left|x^{(0)}(k) - \hat{x}^{(0)}(k)\right|}{x^{(0)}(k)},\ r \in \mathbf{R}^{+} \quad (3.16)$$

最优阶数的自适应变异粒子群优化算法计算流程如下：

Step1　随机初始化粒子群中粒子的位置与速度，可取 pBest = 1，即均值 GM（1，1）模型。

Step2　将粒子中的 pBest 设置为当前位置，gBest 设置为初始群体中最佳粒子的位置。

Step3　计算分数阶算子 GM（1，1）模型当 $r = p$Best 时的平均相对误差。

Step3. 1　计算原始序列 $X^{(0)}$ 的 r 阶累加生成序列 $X^{(r)}$。

Step3. 2　对 $X^{(r)}$ 作紧邻均值生成序列 $Z^{(r)}$。

Step3. 3　计算 $X^{(r)}$ 的一阶累减生成序列 $X^{(r-1)}$。

Step3. 4　求解参数 $\hat{\mathbf{a}} = [a,\ b]^{\mathrm{T}}$。

Step3. 5　确定 $\hat{x}^{(r)}(k)$ 的时间响应式。

Step3. 6　计算 $X^{(r)}$ 的模拟值。

Step3. 7　还原求出 $X^{(0)}$ 的模拟值 $\hat{X}^{(0)}$。

Step3. 8　计算平均相对误差 $f(p\text{Best})$。

Step3. 9　判断 $|f(p\text{Best})-f(g\text{Best})|$ 是否小于给定收敛值 δ，如满足，转向 Step9；否则，执行 Step4。

Step4　对粒子群中的所有粒子，执行如下操作：

Step4. 1　更新粒子的位置与速度。

$$V=\omega\times V+c_1\times rand\times(p\text{Best}-\text{Present})+c_2\times rand\times(g\text{Best}-\text{Present})$$

$$\text{Present}=\text{Present}+V$$

$$\omega=\omega_{\max}-run\times\frac{(\omega_{\max}-\omega_{\min})}{runMax}$$

Step4. 2　如果粒子适应度优于 pBest 的适应度，pBest 设置为新位置。

Step4. 3　如果粒子适应度优于 gBest 的适应度，gBest 设置为新位置。

Step5　计算群体适应度方差 σ^2，并计算 $f(g\text{Best})$。

$$\sigma^2=\sum_{i=1}^{n}\left(\frac{f_i-f_{avg}}{f}\right)^2$$

$$f=\begin{cases}\max\{|f_i-f_{avg}|\}, & \max\{|f_i-f_{avg}|\}>1\\ 1, & \text{others}\end{cases}$$

Step6　计算变异概率 p_m。

$$p_m=\begin{cases}k, & \sigma^2<\sigma_d^2 \text{ and } f(g\text{Best})>f_d\\ 0, & \text{others}\end{cases}$$

Step7　产生随机数 $\varepsilon\in[0,1]$，如果 $\varepsilon<p_m$，按公式 $g\text{Best}_k=g\text{Best}_k\times(1+0.5\times\eta)$ 执行变异操作；否则，转向步骤 Step8。

Step8　判断算法收敛准则是否满足，如果满足，执行 Step9；否则，转向 Step3。

Step9　输出 $gBest$，即 r 最优取值，输出 $r = gBest$ 的分数阶算子 GM（1，1）模型的预测值 $\hat{x}^{(0)}(k)$、相对误差 Δ_k 与平均相对误差 Δ，算法运行结束。

例 3.7　2014～2018 年中国研究与试验发展（R&D）经费（单位：万亿元）支出序列为：

$X^{(0)} = (1.302, 1.417, 1.568, 1.761, 1.966)$，建立分数阶算子 GM（1，1）阶数优化模型。

经运行分数阶算子自适应 GM（1，1）模型主程序 fgm11pso. m，当 $r = 1.053$ 时，具有最小绝对平均相对误差值 $\Delta = 0.157\%$。分数阶算子 GM（1，1）在 $r = 1$ 与 $r = 1.053$ 时的预测值、残差、相对误差与平均相对误差如表 3－2 所示。从表 3－2 可知，$r = 1.053$ 的分数阶算子 GM（1，1）模型，其模拟精度要显著高于 $r = 1$ 即均值 GM（1，1）模型。

表 3－2　分数阶算子 GM（1，1）在 $r=1$ 与 $r=1.053$ 时误差检验表

序号 k	$x^{(0)}(k)$	GM（1，1）			分数阶算子 GM（1，1）（$r=1.053$）		
		$\hat{x}^{(0)}(k)$	$\varepsilon(k)$	$\Delta_k(\%)$	$\hat{x}^{(0)}(k)$	$\varepsilon(k)$	$\Delta_k(\%)$
1	1.302	—	—	—	—	—	—
2	1.417	1.410	0.007	0.491	1.416	0.001	0.086
3	1.568	1.574	-0.006	0.392	1.568	0.000	0.003
4	1.761	1.757	0.004	0.207	1.752	0.009	0.518
5	1.966	1.962	0.004	0.210	1.966	0.000	0.021
平均相对误差 Δ		0.325%			0.157%		

分数阶算子自适应 GM（1，1）模型主程序代码如程序 3－4 所示，分数阶算子自适应 GM（1，1）模型适应度函数 Matlab 程序代码如程序 3－5 所示，程序运行结果画面如图 3－12 所示。

```
% **********************************************************
%   程序编号:程序 3－4
%   程序名称:fgm11pso.m,分数阶算子自适应 GM(1,1)模型主程序。
%   程序功能:应用粒子群优化算法计算分数阶算子自适应 GM(1,1)模型最优阶数。
% **********************************************************
clear all;
%初始格式化
clear all;
clc;
format long;
%初始化参数
%学习因子 1
c1 =2;
%学习因子 2
c2 =2;
%惯性因子
w =0.8;
%最大迭代次数
MaxDT =1000;
%搜索空间 r 取值范围
Pmin =0;
```

```
Pmax = 2;
% 初始化群体个体数目
N = 50;
% 设置精度
eps = 10^( -5);
% 初始化种群的个体
for i = 1:N
    x(i) = Pmin + rand * (Pmax - Pmin);  % 初始化位置,不确定时取 r =
1,即一阶
    pBest(i) = x(i);
    v(i) = randn;  % 随机初始化速度
end
gBest = 1;
% 初始化适应度
for i = 1:N
    r = pBest(i);
    p(i) = fgm11fitness(r);
end
pmin = min(p(i));
% 进入主循环,迭代直到满足精度要求
for t = 1:MaxDT
    for i = 1:N
        v(i) = w * v(i) + c1 * rand * (pBest(i) - x(i)) + c2 * rand *
(gBest - x(i));
        x(i) = x(i) + v(i);
        % 如果粒子飞出区域,随机生成新粒子加入
```

```
            if x(i) > = Pmax | x(i) < = Pmin
                x(i) = Pmin + rand * (Pmax - Pmin);
            else
            end
            r = x(i);
            tmp = fgm11fitness(r);
            if tmp < p(i)
                p(i) = tmp;
                pBest(i) = x(i);
            end
            if p(i) < pmin
                gBest = x(i);
                pmin = tmp;
            else
            end
        end
        if abs(max(p(i)) - pmin) < eps
            break;
        end
    end
    % 显示计算结果
    disp('最优阶数取值为:');
    disp(gBest);
    disp('最小平均误差为:');
    disp(pmin);
```

```
% ***********************************************************
%   程序编号:程序 3 -5
%   程序名称:fgm11fitness. m,分数阶算子自适应 GM(1,1)模型适应度函数。
%   程序功能:分数阶算子 GM(1,1)模型适应度函数。
% ***********************************************************
function result = fgm11fitness(r)
% X0 为原始序列
  X0 = [1.302 1.417 1.568 1.761 1.966];
  n = numel(X0);
% 生成 X0 的 r 阶累加生成序列 Xr,r = 0 时使用原始数据序列直接建模
if r = = 0
    Xr = X0;
else
for k = 1:n
    tmp = 0;
    for i = 1:k
        cc2(k,i) = gamma(r + k - i)/(gamma(k - i + 1) * gamma(r));
        tmp = tmp + cc2(k,i) * X0(i);
    end
    Xr(k) = tmp;
end
end
% 对 Xr 作紧邻均值生产序列 Zr
for i = 2:n;
    Zr(i - 1) = (Xr(i) + Xr(i - 1))/2;
end;
```

```
%计算 Xr 的 1 阶累减生成序列 Xr_1
Xr_1(1) = X0(1);
for k = 2:n;
    Xr_1(k) = Xr(k) - Xr(k - 1);
end;
%计算 r 阶累减生成系数
for k = 1:n;
    for i = 0:k - 1;
        if k - i > = 1
            cc1(k,i + 1) = ( - 1)^i * gamma(r + 1)/(gamma(i + 1) *
gamma(r - i + 1));
        else;
            cc1(k,i + 1) = 0;
        end;
    end;
end;
B = ones(n - 1,2);
Y = ones(n - 1,1);
%求矩阵 B 和 Y
for i = 1:n - 1;
    Y(i,1) = Xr_1(i + 1);
    B(i,1) = - Zr(i);
end;
%求 a,b 值
E = inv(B' * B) * B' * Y;
a = E(1);
```

```
b = E(2);
A = zeros(n,5);
A(1,1) = 1;
A(1,2) = X0(1);
A(1,3) = X0(1);
XrF(1) = X0(1);
for k = 2:n
    XrF(k) = (X0(1) - b/a) * exp( - a * (k - 1)) + b/a;
end
% 计算 X0 模拟值
if r = = 0
    X0F = XrF;
else
for k = 1:n
    tmp = 0;
    for i = 1:k
        tmp = tmp + XrF(k + 1 - i) * cc1(k,i);
    end
    X0F(k) = tmp;
end
end
for k = 2:n;
    A(k,1) = k;
    A(k,2) = X0(k);
    A(k,3) = X0F(k);
    A(k,4) = A(k,2) - A(k,3);
```

```
    A(k,5) = 100 * abs(A(k,4))/A(k,2);
    A(k,6) = A(k,4)^2;
end;
% 返回平均相对误差值
result = mean(A(2:n,5));
```

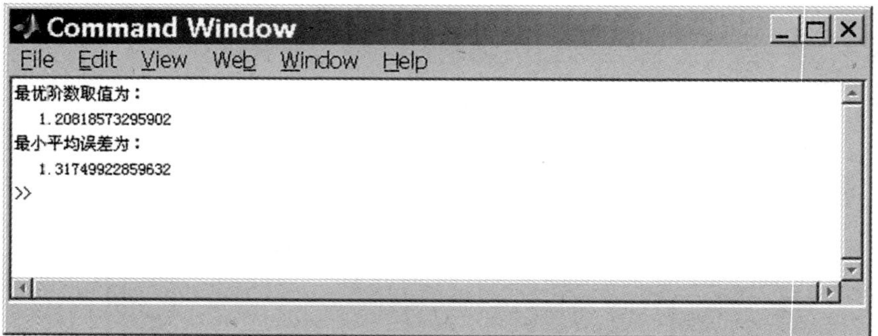

图 3-12　分数阶算子自适应 GM（1，1）程序运行结果

第三节　分数阶算子 DGM（1，1）

一、模型定义

定义 3.10　设 $X^{(0)}$ 与 $X^{(r)}$ 如定义 3.3 所示，称：

$$x^{(r)}(k+1)=\beta_1 x^{(r)}(k)+\beta_2 \tag{3.17}$$

为分数阶算子离散灰色模型（孟伟，2015）。

特别，当 $r=1$ 时，$x^{(r)}(k+1)=\beta_1 x^{(r)}(k)+\beta_2$ 变为 $x^{(1)}(k+1)=$

$\beta_1 x^{(1)}(k)+\beta_2$，即 DGM（1，1）。

当 $r=0$ 时，$x^{(r)}(k+1)=\beta_1 x^{(r)}(k)+\beta_2$ 变为 $x^{(0)}(k+1)=\beta_1 x^{(0)}(k)+\beta_2$，即 DGM（1，1）直接建模法。

二、模型求解方法

定理 3.4　设 $X^{(0)}=(x^{(0)}(1),\ x^{(0)}(2),\ \cdots,\ x^{(0)}(n))$ 为原始序列，$r\in\mathbf{R}^+$，

$X^{(r)}=(x^{(r)}(1),\ x^{(r)}(2),\ \cdots,\ x^{(r)}(n))$ 是 $X^{(0)}=(x^{(0)}(1),\ x^{(0)}(2),\ \cdots,\ x^{(0)}(n))$ 的 r 阶累加生成序列，其中，

$$x^{(r)}(k)=\sum_{i=1}^{k}\frac{\Gamma(r+k-i)}{\Gamma(k-i+1)\Gamma(r)}x^{(0)}(i),\ k=1,2,\cdots,n$$

分数阶算子 DGM（1，1）模型 $x^{(r)}(k+1)=\beta_1 x^{(r)}(k)+\beta_2$ 中的参数向量 $\hat{\boldsymbol{\beta}}=[\beta_1,\ \beta_2]^{\mathrm{T}}$ 可以运用最小二乘法估计，

$$\hat{\boldsymbol{\beta}}=(\mathbf{B}^{\mathrm{T}}\mathbf{B})^{-1}\mathbf{B}^{\mathrm{T}}\mathbf{Y}$$

其中：

$$\mathbf{Y}=\begin{bmatrix}x^{(r)}(2)\\x^{(r)}(3)\\\vdots\\x^{(r)}(n)\end{bmatrix},\quad \mathbf{B}=\begin{bmatrix}x^{(r)}(1) & 1\\x^{(r)}(2) & 1\\\vdots & \vdots\\x^{(r)}(n-1) & 1\end{bmatrix}\qquad(3.18)$$

因：

$$x^{(r)}(k)=\sum_{i=1}^{k}\frac{\Gamma(r+k-i)}{\Gamma(k-i+1)\Gamma(r)}x^{(0)}(i),\ k=1,2,\cdots,n$$

则：

$$
\mathbf{Y}=\begin{bmatrix} x^{(r)}(2) \\ x^{(r)}(3) \\ \vdots \\ x^{(r)}(n) \end{bmatrix}
$$

$$
=\begin{bmatrix} \sum_{i=1}^{2}\frac{\Gamma(r+2-i)}{\Gamma(2-i+1)\Gamma(r)}x^{(0)}(i) \\ \sum_{i=1}^{3}\frac{\Gamma(r+3-i)}{\Gamma(3-i+1)\Gamma(r)}x^{(0)}(i) \\ \vdots \\ \sum_{i=1}^{n}\frac{\Gamma(r+n-i)}{\Gamma(n-i+1)\Gamma(r)}x^{(0)}(i) \end{bmatrix}
$$

$$
=\begin{bmatrix} rx^{(0)}(1)+x^{(0)}(2) \\ \frac{r(r+1)}{2}x^{(0)}(1)+rx^{(0)}(2)+x^{(0)}(3) \\ \vdots \\ \sum_{i=1}^{n}\frac{\Gamma(r+n-i)}{\Gamma(n-i+1)\Gamma(r)}x^{(0)}(i) \end{bmatrix}
$$

$$
\mathbf{B}=\begin{bmatrix} x^{(r)}(1) & 1 \\ x^{(r)}(2) & 1 \\ \vdots & \vdots \\ x^{(r)}(n-1) & 1 \end{bmatrix}
$$

$$
=\begin{bmatrix}
\sum_{i=1}^{1}\frac{\Gamma(r+1-i)}{\Gamma(1-i+1)\Gamma(r)}x^{(0)}(i) & 1\\
\sum_{i=1}^{2}\frac{\Gamma(r+2-i)}{\Gamma(2-i+1)\Gamma(r)}x^{(0)}(i) & 1\\
\vdots & \vdots\\
\sum_{i=1}^{n-1}\frac{\Gamma(r+n-1-i)}{\Gamma(n-1-i+1)\Gamma(r)}x^{(0)}(i) & 1
\end{bmatrix}
$$

$$
=\begin{bmatrix}
x^{(0)}(1) & 1\\
rx^{(0)}(1)+x^{(0)}(2) & 1\\
\vdots & \vdots\\
\sum_{i=1}^{n-1}\frac{\Gamma(r+n-1-i)}{\Gamma(n-1-i+1)\Gamma(r)}x^{(0)}(i) & 1
\end{bmatrix}
$$

定理 3.5 设 $\mathbf{B}$、$\mathbf{Y}$、$\hat{\boldsymbol{\beta}}$ 如定理 3.4 所述，$\hat{\boldsymbol{\beta}}=[\beta_1,\ \beta_2]^{\mathrm{T}}=(\mathbf{B}^{\mathrm{T}}\mathbf{B})^{-1}\mathbf{B}^{\mathrm{T}}\mathbf{Y}$，则，

（1）分数阶算子 DGM（1，1）模型的时间响应序列为：

$$
\hat{x}^{(r)}(k)=\left(x^{(0)}(1)-\frac{\beta_2}{1-\beta_1}\right)\beta_1^{k-1}+\frac{\beta_2}{1-\beta_1},\ k=2,\ 3,\ \cdots,\ n \tag{3.19}
$$

或

$$
\hat{x}^{(r)}(k)=x^{(0)}(1)\beta_1^{k-1}+\frac{1-\beta_1^{k-1}}{1-\beta_1}\beta_2,\ k=2,\ 3,\ \cdots,\ n \tag{3.20}
$$

（2）还原值为：

$$
\begin{cases}
\hat{x}^{(0)}(k)=(\hat{x}^{(r)})^{(-r)}(k)=\sum_{i=0}^{k-1}(-1)^i\frac{\Gamma(r+1)}{\Gamma(i+1)\Gamma(r-i+1)}\\
\hat{x}^{(r)}(k-i),\ k=2,\ \cdots,\ n\\
\hat{x}^{(0)}(1)=x^{(0)}(1)
\end{cases} \tag{3.21}
$$

定理 3.6 DGM（1，1）模型是分数阶算子 DGM（1，1）模型在 r = 1 时的特例。

结论显然成立。

例 3.8 2014 ~2018 年中国服务业增加值数据序列（单位：万亿元）。

$X^{(0)}=(30.808, 34.618, 38.337, 42.591, 46.958)$。取 $r=2/3$，用分数阶算子 DGM（1，1）模型对其进行模拟。

Step1 计算 $X^{(0)}$ 的 r 阶累加生成序列 $X^{(r)}$：

根据 r 阶累加生成算子公式：

$$x^{(r)}(k)=\sum_{i=1}^{k}\frac{\Gamma(r+k-i)}{\Gamma(k-i+1)\Gamma(r)}x^{(0)}(i),\ k=1,2,\cdots,n$$

$X^{(2/3)}=(30.808, 55.157, 78.531, 102.6, 127.69)$

Step2 求解参数 $\hat{\boldsymbol{\beta}}=[\beta_1, \beta_2]^{\mathrm{T}}$：

按最小二乘法估计参数列，有 $\hat{\boldsymbol{\beta}}=(\mathbf{B}^{\mathrm{T}}\mathbf{B})^{-1}\mathbf{B}^{\mathrm{T}}\mathbf{Y}$，其中：

$$\mathbf{Y}=\begin{bmatrix}x^{(r)}(2)\\x^{(r)}(3)\\\vdots\\x^{(r)}(n)\end{bmatrix}=\begin{bmatrix}x^{(2/3)}(2)\\x^{(2/3)}(3)\\x^{(2/3)}(4)\\x^{(2/3)}(5)\end{bmatrix}=\begin{bmatrix}55.157\\78.531\\102.6\\127.69\end{bmatrix}$$

$$\mathbf{B}=\begin{bmatrix}x^{(r)}(1)&1\\x^{(r)}(2)&1\\\vdots&\vdots\\x^{(r)}(n-1)&1\end{bmatrix}=\begin{bmatrix}x^{(2/3)}(1)&1\\x^{(2/3)}(2)&1\\x^{(2/3)}(3)&1\\x^{(2/3)}(4)&1\end{bmatrix}=\begin{bmatrix}30.808&1\\55.157&1\\78.531&1\\102.6&1\end{bmatrix}$$

得 $\hat{\boldsymbol{\beta}}=[\beta_1, \beta_2]^{\mathrm{T}}=(\mathbf{B}^{\mathrm{T}}\mathbf{B})^{-1}\mathbf{B}^{\mathrm{T}}\mathbf{Y}=\begin{bmatrix}1.012\\23.407\end{bmatrix}$

Step3 确定 $\hat{x}^{(r)}(k)$ 时间响应式。

$$\hat{x}^{(r)}(k)=\left(x^{(0)}(1)-\frac{\beta_2}{1-\beta_1}\right)\beta_1+\frac{\beta_2}{1-\beta_1},\ k=2,3,\cdots,n$$

得 $\hat{x}^{(2/3)}(k)$ 的时间响应式为：

$$\hat{x}^{(2/3)}(k)=1949.9\times1.012^{k-1}-1919.1,\ k=2,3,\cdots,n$$

Step4 计算 $X^{(r)}$ 的模拟值。

$$\hat{X}^{(2/3)}=(30.808,54.59,78.663,103.03,127.69)$$

Step5 还原求出 $\hat{X}^{(0)}$ 的模拟值。

由 $\hat{x}^{(0)}(k)=(\hat{x}^{(r)})^{(-r)}(k)=\sum_{i=0}^{k-1}(-1)^i\frac{\Gamma(r+1)}{\Gamma(i+1)\Gamma(r-i+1)}$ $\hat{x}^{(r)}(k-i)$，$k=2,3,\cdots,n$。

得 $\hat{X}^{(0)}=(30.808,34.052,38.846,43,46.682)$。

Step6 误差检验。

残差检验公式：$\varepsilon(k)=x^{(0)}(k)-\hat{x}^{(0)}(k)$

相对误差检验公式：$\Delta_k=\frac{|\varepsilon(k)|}{x^{(0)}(k)}$

平均相对误差检验公式：$\Delta=\frac{1}{n-1}\sum_{k=2}^{n}\Delta_k$

同理，可计算 $r=0$、$r=1/3$、$r=1$、$r=4/3$ 时的分数阶算子 DGM（1，1）模型对原始数据序列 $X^{(0)}=(30.808,34.618,38.337,42.591,46.958)$ 的模拟值。$r=0$ 时，是 DGM（1，1）直接建模；$r=1$ 时，是 DGM（1，1）模型。阶数 r 取不同值时的模拟值拟合图如图 3－13 所示。

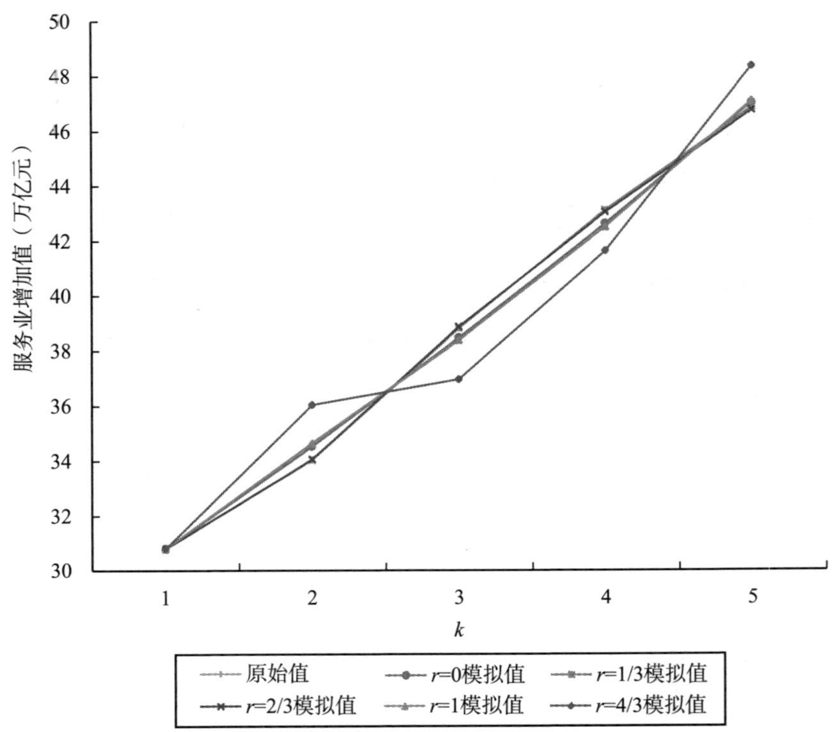

图 3－13　不同阶数取值的分数阶算子 DGM（1，1）模型预测值拟合图

分数阶算子 DGM（1，1）在 $r=1$、$r=1/3$ 与 $r=2/3$ 时的预测值、残差、相对误差与平均相对误差如表 3－3 所示。从表 3－3 可知，$r=1$ 的分数阶算子 DGM（1，1）模型即 DGM（1，1）模型，具有最高模拟精度，$r=2/3$ 时模拟精度最低。

分数阶 DGM（1，1）模型 Matlab 程序代码如程序 3－6 所示；$r=2/3$ 时程序运行结果画面如图 3－14 所示，输出曲线如图 3－15 所示；$r=1$ 时程序运行结果画面如图 3－16 所示，输出曲线如图 3－17 所示。

表 3-3　分数阶算子 DGM（1，1）模型算例误差检验表

序号 k	$x^{(0)}(k)$	DGM（1，1）模型			分数阶算子 DGM（1，1）模型					
					$(r=1/3)$			$(r=2/3)$		
		$\hat{x}^{(0)}(k)$	$\varepsilon(k)$	$\Delta_k(\%)$	$\hat{x}^{(0)}(k)$	$\varepsilon(k)$	$\Delta_k(\%)$	$\hat{x}^{(0)}(k)$	$\varepsilon(k)$	$\Delta_k(\%)$
1	30.808	—	—	—	—	—	—	—	—	—
2	34.618	34.649	-0.031	0.089	34.031	0.587	1.694	34.052	0.566	1.636
3	38.337	38.362	-0.025	0.065	38.789	-0.452	1.179	38.846	-0.509	1.328
4	42.591	42.472	0.119	0.279	43.074	-0.483	1.135	43.000	-0.409	0.960
5	46.958	47.024	-0.066	0.139	46.787	0.171	0.363	46.682	0.276	0.587
平均相对误差 Δ		0.143%			1.093%			1.128%		

```
% *********************************************************
%   程序编号:程序 3 - 6
%   程序名称:fdgm11. m,分数阶算子 DGM(1,1)。
%   程序功能:应用分数阶算子 DGM(1,1)进行预测。
% *********************************************************
clear all;
% X0 为原始序列
X0 = [30. 808 34. 618 38. 337 42. 591 46. 958];
n = numel( X0 ) ;
% 分数阶算子 DGM(1,1)模型的阶数 r
r = 2/3 ;
% 生成 X0 的 r 阶累加生成序列 Xr,r = 0 时使用原始数据序列直接建模
if r = = 0
    Xr = X0;
else
    for k = 1 : n
        tmp = 0 ;
        for i = 1 : k
            cc2( k,i) = gamma( r + k - i)/( gamma( k - i + 1) * gamma( r) ) ;
            tmp = tmp + cc2( k,i) * X0( i) ;
        end
        Xr( k) = tmp;
    end
end
% 计算 r 阶累减生成系数
```

```
for k = 1:n;
    for i = 0:k - 1;
        if k - i >= 1
            cc1(k,i + 1) = ( - 1)^i * gamma(r + 1)/(gamma(i + 1) * gamma(r - i + 1));
        else;
            cc1(k,i + 1) = 0;
        end;
    end;
end;
%求矩阵 B 和 Y
B = ones(n - 1,2);
Y = ones(n - 1,1);
for i = 1:n - 1;
    Y(i,1) = Xr(i + 1);
    B(i,1) = Xr(i);
end;
%求 b1,b2 值
E = inv(B' * B) * B' * Y;
b1 = E(1);
b2 = E(2);
%计算 Xr 模拟值
XrF(1) = X0(1);
for k = 2:n
    XrF(k) = X0(1) * b1^(k - 1) + b2 * (1 - b1^(k - 1))/(1 - b1);
end
```

```
%计算 X0 模拟值
if r = =0
    X0F = XrF;
else
    for k =1:n
        tmp =0;
        for i =1:k
            tmp = tmp + XrF(k +1 -i) * cc1(k,i);
        end
        X0F(k) = tmp;
    end
end
%生成误差检验表
A = zeros(n,5);
A(1,1) =1;
A(1,2) = X0(1);
for k =2:n;
    A(k,1) = k;
    A(k,2) = X0(k);
    A(k,3) = X0F(k);
    A(k,4) = A(k,2) - A(k,3);
    A(k,5) =100 * abs(A(k,4))/A(k,2);
    A(k,6) = A(k,4)^2;
end;
%计算平均相对误差和均方误差
MRE = mean(A(2:n,5));
```

```
MSE = mean(A(2:n,6));
clc;
% 输出原始序列 X0
disp('输入的原始序列 X0 为:');
disp(X0);
% 输出误差检验表
disp('误差检验表为:');
disp('      序号   实际数据   模拟数据         残差   相对误差');
disp(A(:,1:5));
disp(['平均相对误差为:',num2str(MRE),'%']);
disp(['均方误差为:',num2str(MSE)]);
% 绘制原始序列 X0 和模拟序列 X0F 的图形
k = 1:1:n;
plot(k,X0,'+ -',k,X0F,'* -');
legend('实际数据','模拟数据',0);
```

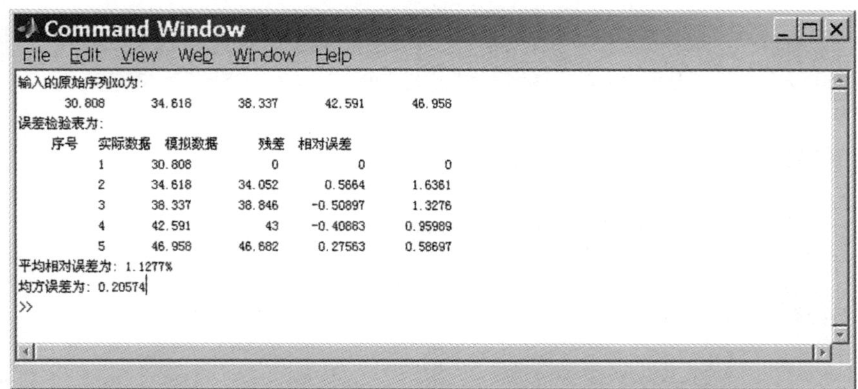

```
输入的原始序列X0为:
      30.808       34.618       38.337       42.591       46.958
误差检验表为:
    序号   实际数据   模拟数据        残差   相对误差
           1     30.808            0            0            0
           2     34.618       34.052       0.5664       1.6361
           3     38.337       38.846     -0.50897       1.3276
           4     42.591           43     -0.40883      0.95989
           5     46.958       46.682      0.27563      0.58697
平均相对误差为: 1.1277%
均方误差为: 0.20574
>>
```

图 3－14　分数阶算子 DGM（1，1）程序运行结果（$r=2/3$）

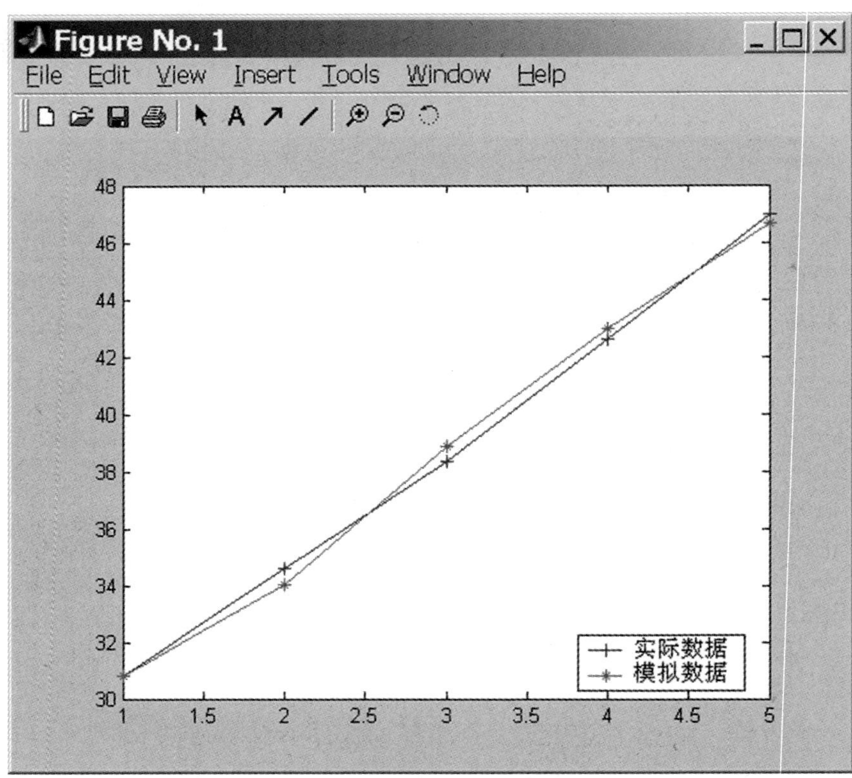

图 3－15 分数阶算子 DGM（1，1）程序生成折线图（$r=2/3$）

```
Command Window
File Edit View Web Window Help
输入的原始序列X0为:
      30.808      34.618      38.337      42.591      46.958
误差检验表为:
    序号    实际数据    模拟数据      残差    相对误差
             1      30.808           0           0           0
             2      34.618      34.649   -0.030925    0.089333
             3      38.337      38.362   -0.024728    0.064502
             4      42.591      42.472     0.11862     0.27852
             5      46.958      47.024     -0.0655     0.13949
平均相对误差为: 0.14296%
均方误差为: 0.0049824
>>
```

图 3－16 分数阶算子 DGM（1，1）程序运行结果（$r=1$）

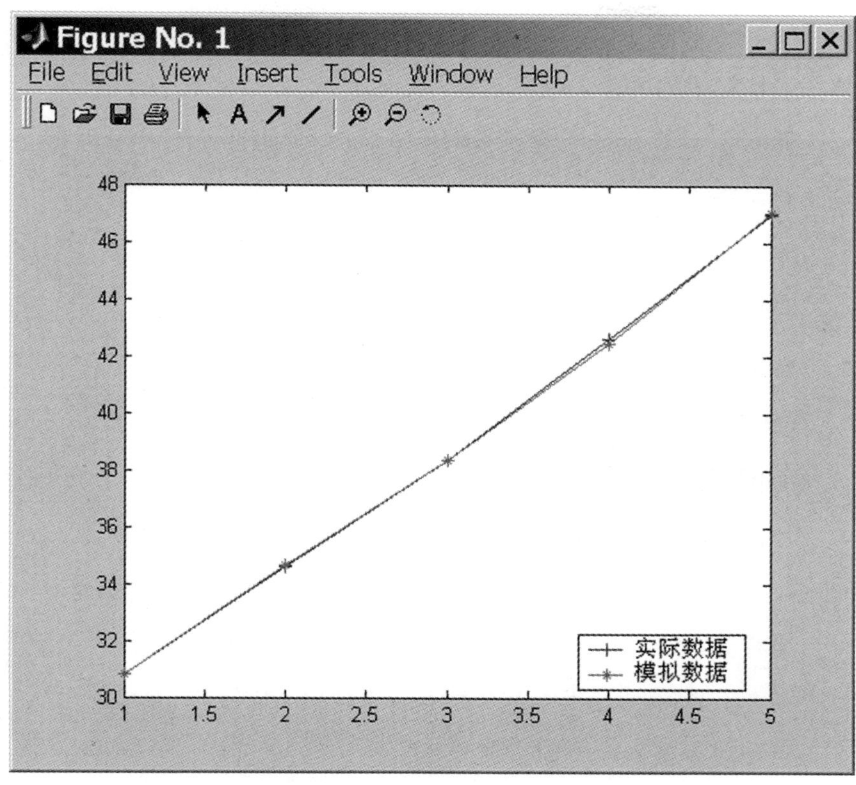

图 3－17　分数阶算子 DGM（1，1）程序生成折线图（*r*＝1）

三、阶数优化方法

最小平均相对误差下分数阶算子 DGM（1，1）模型的最优阶数在于求解如下最优化问题：

$$\min f(r) = \frac{1}{n-1}\sum_{k=2}^{n}\frac{|x^{(0)}(k) - \hat{x}^{(0)}(k)|}{x^{(0)}(k)}, \ r \in \mathbf{R}^{+}$$

最优阶数的自适应变异粒子群优化算法计算流程如下：

Step1　随机初始化粒子群中粒子的位置与速度，可取 *p*Best＝1，即 DGM（1，1）模型。

Step2 将粒子中的 pBest 设置为当前位置，gBest 设置为初始群体中最佳粒子的位置。

Step3 计算分数阶算子 DGM（1，1）模型当 $r=p$Best 时的平均相对误差。

Step3.1 计算原始序列 $X^{(0)}$ 的 r 阶累加生成序列 $X^{(r)}$。

Step3.2 求解参数 $\hat{\boldsymbol{\beta}}=[\beta_1, \beta_2]^{\mathrm{T}}$。

Step3.3 确定 $\hat{x}^{(r)}(k)$ 的时间响应式。

Step3.4 计算 $X^{(r)}$ 的模拟值。

Step3.5 还原求出 $X^{(0)}$ 的模拟值 $\hat{X}^{(0)}$。

Step3.6 计算平均相对误差 $f(p\text{Best})$。

Step3.7 判断 $|f(p\text{Best})-f(g\text{Best})|$ 是否小于给定收敛值 δ，如满足，转向 Step9；否则，执行 Step4。

Step4 对粒子群中的所有粒子，执行如下操作。

Step4.1 更新粒子的位置与速度。

$$V=\omega\times V+c_1\times rand\times(p\text{Best}-\text{Present})+c_2\times rand\times(g\text{Best}-\text{Present})$$

$$\text{Present}=\text{Present}+V$$

$$\omega=\omega_{\max}-run\times\frac{(\omega_{\max}-\omega_{\min})}{run\max}$$

Step4.2 如果粒子适应度优于 pBest 的适应度，pBest 设置为新位置。

Step4.3 如果粒子适应度优于 gBest 的适应度，gBest 设置为新位置。

Step5 计算群体适应度方差 σ^2，并计算 $f(g\text{Best})$。

$$\sigma^2=\sum_{i=1}^{n}\left(\frac{f_i-f_{avg}}{f}\right)^2$$

$$f=\begin{cases}\max\{\,|f_i-f_{avg}|\,\},\ \max\{\,|f_i-f_{avg}|\,\}>1\\ 1,\ \text{others}\end{cases}$$

Step6　计算变异概率 p_m。

$$p_m=\begin{cases}k,\ \sigma^2<\sigma_d^2\ \text{and}\ f(g\text{Best})>f_d\\ 0,\ \text{others}\end{cases}$$

Step7　产生随机数 $\varepsilon\in[0,\ 1]$，如果 $\varepsilon<p_m$，按公式 $g\text{Best}_k=g\text{Best}_k\times(1+0.5\times\eta)$ 执行变异操作；否则，转向步骤 Step8。

Step8　判断算法收敛准则是否满足，如果满足，执行 Step9；否则，转向 Step3。

Step9　输出 gBest，即 r 最优取值，输出 $r=g\text{Best}$ 的分数阶算子 DGM（1，1）模型的预测值 $\hat{x}^{(0)}(k)$、相对误差 Δ_k 与平均相对误差 Δ，算法运行结束。

例 3.9　2014～2018 年中国服务业增加值数据序列（单位：万亿元）。

$X^{(0)}=(30.808,\ 34.618,\ 38.337,\ 42.591,\ 46.958)$，建立分数阶算子 DGM（1，1）阶数优化模型。

经运行分数阶算子自适应 DGM（1，1）模型主程序 fdgm11pso. m，当 $r=0.989$ 时，具有最小绝对平均相对误差值 $\Delta=0.113\%$。分数阶算子 DGM（1，1）在 $r=1$ 与 $r=0.989$ 时的预测值、残差、相对误差与平均相对误差如表 3－4 所示。从表 3－4 可知，$r=0.989$ 的分数阶算子 DGM（1，1）模型，其模拟精度要显著高于 $r=1$，即 DGM（1，1）模型。

表 3－4　　分数阶算子 DGM（1，1）在 $r=1$ 与 $r=0.989$ 时误差检验表

序号 k	$x^{(0)}(k)$	DGM（1，1）			分数阶算子 DGM（1，1）（$r=0.989$）		
		$\hat{x}^{(0)}(k)$	$\varepsilon(k)$	$\Delta_k(\%)$	$\hat{x}^{(0)}(k)$	$\varepsilon(k)$	$\Delta_k(\%)$
1	30.808	—	—	—	—	—	—
2	34.618	34.649	－0.031	0.089	34.618	0.000	0.000
3	38.337	38.362	－0.025	0.065	38.390	－0.053	0.138
4	42.591	42.472	0.119	0.279	42.496	0.095	0.222
5	46.958	47.024	－0.066	0.139	47.001	－0.043	0.091
平均相对误差 Δ		0.143%			0.113%		

分数阶算子自适应 DGM（1，1）模型主程序代码如程序 3－7 所示，分数阶算子自适应 DGM（1，1）模型适应度函数 Matlab 程序代码如程序 3－8 所示，程序运行结果画面如图 3－18 所示。

```
% ****************************************************************
%   程序编号:程序 3－7
%   程序名称:fdgm11pso.m,分数阶算子自适应 DGM(1,1)模型主程序。
%   程序功能:应用粒子群优化算法计算分数阶算子自适应 DGM(1,1)模型最优阶数。
% ****************************************************************
%初始格式化
clear all;
clc;
format long;
%初始化参数
%学习因子 1
```

```
c1 =2;
%学习因子2
c2 =2;
%惯性因子
w =0.8;
%最大迭代次数
MaxDT = 1000;
%搜索空间r取值范围
Pmin =0;
Pmax =2;
%初始化群体个体数目
N =50;
%设置精度
eps =10^( -4);
%初始化种群的个体
for i =1:N
    x(i) = Pmin + rand * (Pmax - Pmin);   %初始化位置,不确定时取 r =
1,即一阶
    pBest(i) =x(i);
    v(i) =randn;   %随机初始化速度
end
gBest =1;
%初始化适应度
for i =1:N
    r =pBest(i);
    p(i) =fdgm11fitness(r);
```

```
    end
    pmin = min(p(i));
    % 进入主循环,迭代直到满足精度要求
    for t = 1:MaxDT
        for i = 1:N
            v(i) = w * v(i) + c1 * rand * (pBest(i) - x(i)) + c2 * rand *
(gBest - x(i));
            x(i) = x(i) + v(i);
            % 如果粒子飞出区域,随机生成新粒子加入
            if x(i) > = Pmax|x(i) < = Pmin
                x(i) = Pmin + rand * (Pmax - Pmin);
            else
            end
            r = x(i);
            tmp = fdgm11fitness(r);
            if tmp < p(i)
                p(i) = tmp;
                pBest(i) = x(i);
            end
            if p(i) < pmin
                gBest = x(i);
                pmin = tmp;
            else
            end
        end
        if abs(max(p(i)) - pmin) < eps
```

```
            break;
        end
    end
    % 显示计算结果
    disp('最优阶数取值为:');
    disp(gBest);
    disp('最小平均误差为:');
    disp(pmin);
```

```
% *************************************************************
%   程序编号:程序 3 - 8
%   程序名称:fdgm11fitness.m,分数阶算子自适应 DGM(1,1)模型适应度函数。
%   程序功能:分数阶算子 DGM(1,1)模型适应度函数。
% *************************************************************
function result = fdgm11fitness(r)
% X0 为原始序列
  X0 = [30.808 34.618 38.337 42.591 46.958];
  n = numel(X0);
% 生成 X0 的 r 阶累加生成序列 Xr,r = 0 时使用原始数据序列直接建模
if r = =0
    Xr = X0;
else
for k = 1:n
    tmp = 0;
    for i = 1:k
```

```
            cc2(k,i) = gamma(r+k-i)/(gamma(k-i+1)*gamma(r));
            tmp = tmp + cc2(k,i)*X0(i);
        end
        Xr(k) = tmp;
    end
    end
    %计算 r 阶累减生成系数
    for k = 1:n;
        for i = 0:k-1;
            if k-i>=1
                cc1(k,i+1) = (-1)^i*gamma(r+1)/(gamma(i+1)*
gamma(r-i+1));
            else;
                cc1(k,i+1) = 0;
            end;
        end;
    end;
    B = ones(n-1,2);
    Y = ones(n-1,1);
    %求矩阵 B 和 Y
    for i = 1:n-1;
        Y(i,1) = Xr(i+1);
        B(i,1) = Xr(i);
    end;
    %求 a,b 值
    E = inv(B'*B)*B'*Y;
```

```
b1 = E(1);
b2 = E(2);
A = zeros(n,5);
A(1,1) = 1;
A(1,2) = X0(1);
XrF(1) = X0(1);
for k = 2:n
    XrF(k) = X0(1) * b1^(k-1) + b2 * (1 - b1^(k-1))/(1 - b1);
end
% 计算 X0 模拟值
if r = = 0
    X0F = XrF;
else
for k = 1:n
    tmp = 0;
    for i = 1:k
        tmp = tmp + XrF(k+1-i) * cc1(k,i);
    end
    X0F(k) = tmp;
end
end
for k = 2:n;
    A(k,1) = k;
    A(k,2) = X0(k);
    A(k,3) = X0F(k);
    A(k,4) = A(k,2) - A(k,3);
```

```
        A(k,5) =100 * abs(A(k,4))/A(k,2);
        A(k,6) =A(k,4)^2;
    end;
    % 返回平均相对误差值
    result = mean(A(2:n,5));
    A(1,3) =X0(1);
    XrF(1) =X0(1);
    for k =2:n
        XrF(k) =(X0(1) -b/a) * exp( -a * (k -1)) +b/a;
    end
    % 计算 X0 模拟值
    if r = =0
        X0F = XrF;
    else
    for k =1:n
        tmp =0;
        for i =1:k
            tmp = tmp + XrF(k +1 -i) * cc1(k,i);
        end
        X0F(k) = tmp;
    end
    end
    for k =2:n;
        A(k,1) =k;
        A(k,2) =X0(k);
        A(k,3) =X0F(k);
```

```
    A(k,4) = A(k,2) - A(k,3);
    A(k,5) = 100 * abs(A(k,4))/A(k,2);
    A(k,6) = A(k,4)^2;
end;
% 返回平均相对误差值
result = mean(A(2:n,5));
```

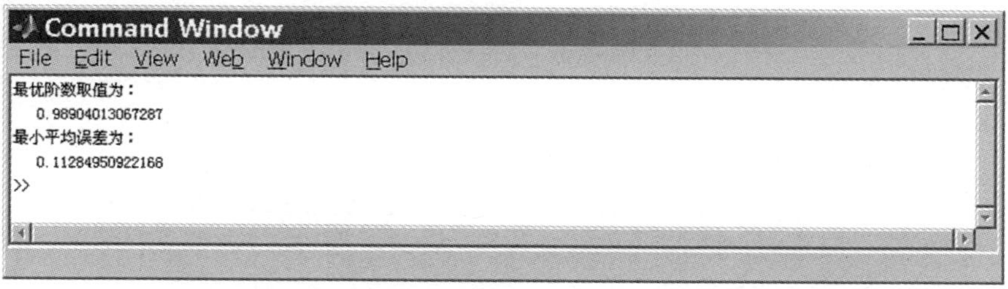

```
Command Window
File Edit View Web Window Help
最优阶数取值为：
   0.98904013067287
最小平均误差为：
   0.11284950922168
>>
```

图 3-18　分数阶算子自适应 DGM (1, 1) 程序运行结果

第四节　本 章 小 结

本章系统研究了分数阶累加生成算子与分数阶累减生成算子的性质，建立了分数阶算子 GM (1, 1) 模型与分数阶算子 DGM (1, 1) 模型，通过实例给出了分数阶算子灰色预测模型的求解步骤、阶数优化算法与完整的程序代码。

第四章

区域经济系统预测

第一节　地区生产总值趋势预测

一、背景与数据

自1949年以来，我国经济规模不断扩大，综合国力与日俱增，对世界经济增长的贡献大幅提升，国际地位与影响力显著增强（国家统计局，2019）。1952年我国国内生产总值仅为679亿元，人均国内生产总值为119元。经过长期努力，1978年我国国内生产总值增加到3679亿元，占世界经济的比重为1.8%，居全球第11位。改革开放以来，我国经济快速发展，1986年经济总量突破1万亿元，2000年突破10万亿元大关，超过意大利成为世界第六大经济体，2010年达到412119亿元，超过日本并连年稳居世界第二。党的十八大以来，我国综合国力持续提升。近三年，我国经济总量连续跨越 70 万亿元、80 万亿元与 90 万亿元大关，2018 年达到 900309 亿元，占世界经济的比重接近 16%。按不变价计算，2018 年国内生产总值比 1952 年增长 175 倍，年均增长 8.1%；其中，1979～2018 年年均增长 9.4%，远高于同期世界经济 2.9% 左右的年均增速，对世界经济增长的年均贡献率为 18% 左右，仅次于美国居世界第二。2018 年我国人均国民总收入达到 9732 美元，高于中等收入国家平均水平。全国各省、自治区、直辖市 2011～2018 年地区生产总值如表 4－1 所示。

表 4－1　　各省、自治区、直辖市 2011～2018 年地区生产总值　　单位：亿元

地区	2011 年	2012 年	2013 年	2014 年	2015 年	2016 年	2017 年	2018 年
北京市	16251.93	17879.4	19800.81	21330.83	23014.59	25669.13	28014.94	30319.98
天津市	11307.28	12893.88	14442.01	15726.93	16538.19	17885.39	18549.19	18809.64
河北省	24515.76	26575.01	28442.95	29421.15	29806.11	32070.45	34016.32	36010.27
山西省	11237.55	12112.83	12665.25	12761.49	12766.49	13050.41	15528.42	16818.11
内蒙古自治区	14359.88	15880.58	16916.5	17770.19	17831.51	18128.1	16096.21	17289.22
辽宁省	22226.7	24846.43	27213.22	28626.58	28669.02	22246.9	23409.24	25315.35
吉林省	10568.83	11939.24	13046.4	13803.14	14063.13	14776.8	14944.53	15074.62
黑龙江省	12582	13691.58	14454.91	15039.38	15083.67	15386.09	15902.68	16361.62
上海市	19195.69	20181.72	21818.15	23567.7	25123.45	28178.65	30632.99	32679.87
江苏省	49110.27	54058.22	59753.37	65088.32	70116.38	77388.28	85869.76	92595.4
浙江省	32318.85	34665.33	37756.59	40173.03	42886.49	47251.36	51768.26	56197.15
安徽省	15300.65	17212.05	19229.34	20848.75	22005.63	24407.62	27018	30006.82
福建省	17560.18	19701.78	21868.49	24055.76	25979.82	28810.58	32182.09	35804.04

续表

地区	2011 年	2012 年	2013 年	2014 年	2015 年	2016 年	2017 年	2018 年
江西省	11702. 82	12948. 88	14410. 19	15714. 63	16723. 78	18499	20006. 31	21984. 78
山东省	45361. 85	50013. 24	55230. 32	59426. 59	63002. 33	68024. 49	72634. 15	76469. 67
河南省	26931. 03	29599. 31	32191. 3	34938. 24	37002. 16	40471. 79	44552. 83	48055. 86
湖北省	19632. 26	22250. 45	24791. 83	27379. 22	29550. 19	32665. 38	35478. 09	39366. 55
湖南省	19669. 56	22154. 23	24621. 67	27037. 32	28902. 21	31551. 37	33902. 96	36425. 78
广东省	53210. 28	57067. 92	62474. 79	67809. 85	72812. 55	80854. 91	89705. 23	97277. 77
广西壮族自治区	11720. 87	13035. 1	14449. 9	15672. 89	16803. 12	18317. 64	18523. 26	20352. 51
海南省	2522. 66	2855. 54	3177. 56	3500. 72	3702. 76	4053. 2	4462. 54	4832. 05
重庆市	10011. 37	11409. 6	12783. 26	14262. 6	15717. 27	17740. 59	19424. 73	20363. 19
四川省	21026. 68	23872. 8	26392. 07	28536. 66	30053. 1	32934. 54	36980. 22	40678. 13
贵州省	5701. 84	6852. 2	8086. 86	9266. 39	10502. 56	11776. 73	13540. 83	14806. 45
云南省	8893. 12	10309. 47	11832. 31	12814. 59	13619. 17	14788. 42	16376. 34	17881. 12
西藏自治区	605. 83	701. 03	815. 67	920. 83	1026. 39	1151. 41	1310. 92	1477. 63
陕西省	12512. 3	14453. 68	16205. 45	17689. 94	18021. 86	19399. 59	21898. 81	24438. 32
甘肃省	5020. 37	5650. 2	6330. 69	6836. 82	6790. 32	7200. 37	7459. 9	8246. 07
青海省	1670. 44	1893. 54	2122. 06	2303. 32	2417. 05	2572. 49	2624. 83	2865. 23
宁夏回族自治区	2102. 21	2341. 29	2577. 57	2752. 1	2911. 77	3168. 59	3443. 56	3705. 18
新疆维吾尔自治区	6610. 05	7505. 31	8443. 84	9273. 46	9324. 8	9649. 7	10881. 96	12199. 08

资料来源：国家统计局《国家数据—地区数据》省、自治区、直辖市数据汇总，http：//data. stats. gov. cn/easyquery. htm？ cn = C02。

在全国经济总量快速增加的同时，地区间经济增速与总量也存在不均衡，八大经济区域 2011 ~ 2018 年地区生产总值如表 4 – 2 所示。

表 4 – 2　　　　八大经济区域地区生产总值　　　　单位：万亿元

序列	经济区域名称	2011 年	2012 年	2013 年	2014 年	2015 年	2016 年	2017 年	2018 年
X_1	东北地区	4.538	5.048	5.471	5.747	5.782	5.241	5.426	5.675
X_2	北部沿海地区	9.744	10.736	11.792	12.591	13.236	14.365	15.321	16.161
X_3	东部沿海地区	10.062	10.891	11.933	12.883	13.813	15.282	16.827	18.147
X_4	南部沿海地区	7.329	7.963	8.752	9.537	10.250	11.372	12.635	13.791
X_5	黄河中游地区	6.504	7.205	7.798	8.316	8.562	9.105	9.808	10.660
X_6	长江中游地区	6.631	7.457	8.305	9.098	9.718	10.712	11.641	12.778
X_7	西南地区	5.735	6.548	7.354	8.055	8.670	9.556	10.485	11.408
X_8	大西北地区	1.601	1.809	2.029	2.209	2.247	2.374	2.572	2.849

资料来源：根据各省、自治区、直辖市地区生产总值数据汇总。

二、建立灰色预测模型

应用灰色预测模型 GM（1，1），依次建立八大经济区域的地区生产总值预测模型，并预测 2019 ~ 2025 年（“十四五”末期）期间地区生产总值变化趋势，应用 gm11.m 程序的拟合精度计算结果如表 4 – 3 所示。从表 4 – 3 可知，平均相对误差在 0.573% ~ 3.872%，具有较高的拟合精度，可用于预测未来年份的地区生产总值。

表 4-3　　八大经济区域地区生产总值预测模型拟合精度表

单位：万亿元

序列		2011 年	2012 年	2013 年	2014 年	2015 年	2016 年	2017 年	2018 年
东北地区 X_1	实际值	4.538	5.048	5.471	5.747	5.782	5.241	5.426	5.675
	模拟值		5.350	5.394	5.439	5.484	5.529	5.575	5.621
	残差		-0.302	0.077	0.308	0.298	-0.288	-0.149	0.054
	平均相对误差	3.872%							
北部沿海地区 X_2	实际值	9.744	10.736	11.792	12.591	13.236	14.365	15.321	16.161
	模拟值		10.922	11.673	12.476	13.334	14.252	15.232	16.280
	残差		-0.186	0.119	0.115	-0.098	0.113	0.089	-0.119
	平均相对误差	0.929%							
东部沿海地区 X_3	实际值	10.062	10.891	11.933	12.883	13.813	15.282	16.827	18.147
	模拟值		10.849	11.821	12.880	14.033	15.290	16.659	18.151
	残差		0.042	0.112	0.003	-0.220	-0.008	0.168	-0.004
	平均相对误差	0.573%							
南部沿海地区 X_4	实际值	7.329	7.963	8.752	9.537	10.250	11.372	12.635	13.791
	模拟值		7.907	8.670	9.507	10.424	11.430	12.533	13.742
	残差		0.056	0.082	0.030	-0.174	-0.058	0.102	0.049
	平均相对误差	0.761%							
黄河中游地区 X_5	实际值	6.504	7.205	7.798	8.316	8.562	9.105	9.808	10.660
	模拟值		7.223	7.687	8.181	8.707	9.266	9.862	10.496
	残差		-0.018	0.111	0.135	-0.145	-0.161	-0.054	0.164
	平均相对误差	1.264%							

续表

序列		2011年	2012年	2013年	2014年	2015年	2016年	2017年	2018年
长江中游地区 X_6	实际值	6.631	7.457	8.305	9.098	9.718	10.712	11.641	12.778
	模拟值		7.540	8.229	8.980	9.800	10.695	11.672	12.737
	残差		-0.083	0.076	0.118	-0.082	0.017	-0.031	0.041
	平均相对误差	0.702%							
西南地区 X_7	实际值	5.735	6.548	7.354	8.055	8.670	9.556	10.485	11.408
	模拟值		6.650	7.278	7.966	8.718	9.542	10.443	11.430
	残差		-0.102	0.076	0.089	-0.048	0.014	0.042	-0.022
	平均相对误差	0.713%							
大西北地区 X_8	实际值	1.601	1.809	2.029	2.209	2.247	2.374	2.572	2.849
	模拟值		1.854	1.985	2.126	2.276	2.437	2.609	2.794
	残差		-0.045	0.044	0.083	-0.029	-0.063	-0.037	0.055
	平均相对误差	2.249%							

三、预测地区生产总值

应用表4-3建立的GM（1，1）模型，预测八大经济区域2019~2025年地区生产总值如表4-4所示，2011~2025年八大经济区域的地区生产总值变化趋势如图4-1所示。

表 4-4　　八大经济区域地区生产总值预测值　　单位：万亿元

序列	经济区域名称	2019 年	2020 年	2021 年	2022 年	2023 年	2024 年	2025 年
X_1	东北地区	5.667	5.714	5.761	5.809	5.857	5.905	5.954
X_2	北部沿海地区	17.400	18.597	19.876	21.244	22.705	24.267	25.936
X_3	东部沿海地区	19.777	21.548	23.478	25.581	27.872	30.368	33.088
X_4	南部沿海地区	15.068	16.522	18.117	19.865	21.782	23.884	26.188
X_5	黄河中游地区	11.170	11.888	12.652	13.465	14.330	15.251	16.231
X_6	长江中游地区	13.900	15.170	16.555	18.067	19.717	21.517	23.482
X_7	西南地区	12.510	13.691	14.985	16.400	17.950	19.646	21.501
X_8	大西北地区	2.991	3.203	3.429	3.671	3.931	4.209	4.506

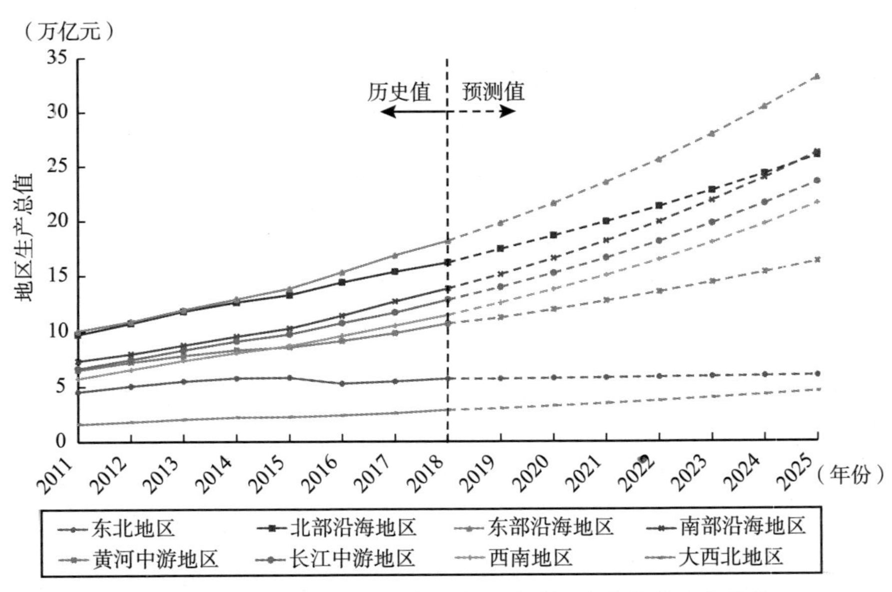

图 4-1　2011～2025 年八大经济区域地区生产总值变化趋势

四、结果分析

分别计算八大经济区域 2011 年、2018 年、2025 年地区生产总值占全国的比重，计算结果如图4-2所示。可见在过去7年与未来7年，东北地区生产总值占比降幅最大，西南地区增幅最大；东北地区、北部沿海地区、黄河中游地区生产总值占比持续减少，大西北地区基本持平，东部沿海地区、南部沿海地区、长江中游地区、西南地区占比持续增加，基本上形成长江以南及沿线区域经济增长态势良好、长江以北区域经济增长有待提升的局面。

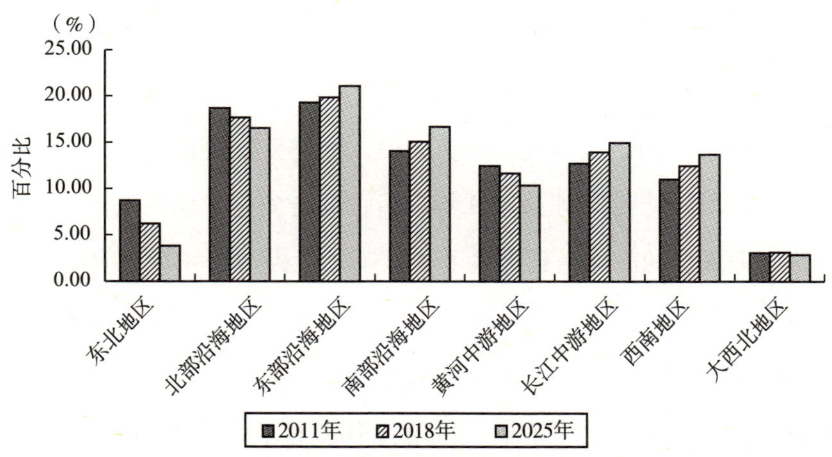

图4-2　2011~2025年八大经济区域地区生产总值占全国比重变化趋势

第二节　人口规模趋势预测

一、背景与数据

自1949年以来，我国总人口由1949年的5.4亿人发展到2018年的近14亿人，年均增长率约为1.4%。截至2018年末全国总人口 139538 万人（不含香港、澳门、台湾），比上年末增加 530 万人，其中城镇常住人口 83137 万人，占总人口比重（常住人口城镇化率）为 59.58%；全年出生人口 1523 万人，出生率为 10.94‰；死亡人口 993 万人，死亡率为 7.13‰；自然增长率为 3.81‰。庞大的人口总量为中国经济的腾飞提供了宝贵的人力资源，为中国特色社会主义现代化建设奠定了坚实的人才基础。新中国成立以来，我国的人口发展走过了漫长而曲折的道路，可大致分为四个阶段（国家统计局，2019）。

1. 高速增长阶段（1949 ~ 1970 年）

1949 年以前，由于社会动荡不安，经济发展缓慢，医疗条件落后，人口增长受到抑制。1949 年以后，社会安定，经济发展，医疗改善，为人口的高速增长提供了基本保障。从 1949 ~ 1970 年，我国人口由新中国成立时的 5.4 亿人增长到 8.3 亿人，二十年左右净增 2.9 亿人。除 1960 ~ 1961 年由于自然灾害等原因，人口出现了短暂的负增长外，这一时期各年人口增长率普遍在 2% 以上，部分年份接近 3%。

2. 有调控增长阶段（1971 ~ 1980 年）

进入 20 世纪 70 年代，随着计划生育政策的推行，人口增速出现明显下降，增长率由 1971 年的 2.7% 迅速下降至 1980 年的 1.2%。但由于人口基数较大，1971 ~ 1980 年的净增人口数仍相当可观，全国总人口由 8.5 亿人增加到 9.9 亿人，净增 1.3 亿人。

3. 增速回升阶段（1981 ~ 1990 年）

20 世纪 80 年代，我国实施了十分严格的生育政策，生育率下降，但由于新中国成立后“生育高峰”中出生的人口陆续进入婚育年龄，人口增长率出现短暂回升，在 1987 年达到峰值 1.7%。这一阶段全国总人口由 1981 年的 10.0 亿人增加到 1990 年的 11.4 亿人，净增 1.4 亿人，年均增长 1585 万人，略高于 1971～1980 年的 1497 万人。

4. 平稳增长阶段（1991～2018 年）

由于育龄妇女人数的减少，以及人们婚育观念的转变，1991 年以来，我国人口增长率稳步下降，最终在 0.5% 左右的增速上保持平稳。1991～2018 年，我国人口年均增长 878 万人，进入 21 世纪以来年均增长 711 万人，人口总量压力有所减轻，结构问题逐渐成为新时代关注的焦点。

各省、自治区、直辖市 2011～2018 年常住人口如表 4－5 所示。

表 4－5　　各省、自治区、直辖市 2011～2018 年常住人口　　单位：万人

地区	2011 年	2012 年	2013 年	2014 年	2015 年	2016 年	2017 年	2018 年
北京市	2019	2069	2115	2152	2171	2173	2171	2154
天津市	1355	1413	1472	1517	1547	1562	1557	1560
河北省	7241	7288	7333	7384	7425	7470	7520	7556
山西省	3593	3611	3630	3648	3664	3682	3702	3718
内蒙古自治区	2482	2490	2498	2505	2511	2520	2529	2534
辽宁省	4383	4389	4390	4391	4382	4378	4369	4359
吉林省	2749	2750	2751	2752	2753	2733	2717	2704
黑龙江省	3834	3834	3835	3833	3812	3799	3789	3773
上海市	2347	2380	2415	2426	2415	2420	2418	2424
江苏省	7899	7920	7939	7960	7976	7999	8029	8051
浙江省	5463	5477	5498	5508	5539	5590	5657	5737
安徽省	5968	5988	6030	6083	6144	6196	6255	6324

续表

地区	2011 年	2012 年	2013 年	2014 年	2015 年	2016 年	2017 年	2018 年
福建省	3720	3748	3774	3806	3839	3874	3911	3941
江西省	4488	4504	4522	4542	4566	4592	4622	4648
山东省	9637	9685	9733	9789	9847	9947	10006	10047
河南省	9388	9406	9413	9436	9480	9532	9559	9605
湖北省	5758	5779	5799	5816	5852	5885	5902	5917
湖南省	6596	6639	6691	6737	6783	6822	6860	6899
广东省	10505	10594	10644	10724	10849	10999	11169	11346
广西壮族自治区	4645	4682	4719	4754	4796	4838	4885	4926
海南省	877	887	895	903	911	917	926	934
重庆市	2919	2945	2970	2991	3017	3048	3075	3102
四川省	8050	8076	8107	8140	8204	8262	8302	8341
贵州省	3469	3484	3502	3508	3530	3555	3580	3600
云南省	4631	4659	4687	4714	4742	4771	4801	4830
西藏自治区	303	308	312	318	324	331	337	344
陕西省	3743	3753	3764	3775	3793	3813	3835	3864
甘肃省	2564	2578	2582	2591	2600	2610	2626	2637
青海省	568	573	578	583	588	593	598	603
宁夏回族自治区	639	647	654	662	668	675	682	688
新疆维吾尔自治区	2209	2233	2264	2298	2360	2398	2445	2487

资料来源：国家统计局《国家数据—地区数据》省、自治区、直辖市数据汇总，http：//data. stats. gov. cn/easyquery. htm？ cn = C02。

八大经济区域 2011 ~2018 年常住人口如表 4 –6 所示。

表 4 – 6　　八大经济区域常住人口　　单位：亿人

序列	经济区域名称	2011 年	2012 年	2013 年	2014 年	2015 年	2016 年	2017 年	2018 年
X_1	东北地区	1.097	1.097	1.098	1.098	1.095	1.091	1.088	1.084
X_2	北部沿海地区	2.025	2.046	2.065	2.084	2.099	2.115	2.125	2.132
X_3	东部沿海地区	1.571	1.578	1.585	1.589	1.593	1.601	1.610	1.621
X_4	南部沿海地区	1.510	1.523	1.531	1.543	1.560	1.579	1.601	1.622
X_5	黄河中游地区	1.921	1.926	1.931	1.936	1.945	1.955	1.963	1.972
X_6	长江中游地区	2.281	2.291	2.304	2.318	2.335	2.350	2.364	2.379
X_7	西南地区	2.371	2.385	2.399	2.411	2.429	2.447	2.464	2.480
X_8	大西北地区	0.628	0.634	0.639	0.645	0.654	0.661	0.669	0.676

资料来源：根据各省、自治区、直辖市常住人口数据汇总。

二、建立灰色预测模型

应用灰色预测模型 GM（1，1），依次建立八大经济区域的常住人口预测模型，并预测 2019～2025 年（“十四五”末期）期间各经济区域的常住人口，应用 gm11.m 程序的拟合精度计算结果如表 4 – 7 所示。从表 4 – 7 可知，平均相对误差在 0.031%～0.265%，具有很高的拟合精度，可用于预测未来年份的地区常住人口。

表 4 – 7　　八大经济区域常住人口预测模型拟合精度表　　单位：亿人

序列		2011 年	2012 年	2013 年	2014 年	2015 年	2016 年	2017 年	2018 年
东北地区 X_1	实际值	1.097	1.097	1.098	1.098	1.095	1.091	1.088	1.084
	模拟值		1.100	1.098	1.095	1.093	1.091	1.088	1.086
	残差		-0.003	0.000	0.003	0.002	0.000	0.000	-0.002
	平均相对误差	0.139%							

续表

序列		2011 年	2012 年	2013 年	2014 年	2015 年	2016 年	2017 年	2018 年
北部沿海地区 X_2	实际值	2.025	2.046	2.065	2.084	2.099	2.115	2.125	2.132
	模拟值		2.052	2.066	2.080	2.095	2.110	2.124	2.139
	残差		-0.006	-0.001	0.004	0.004	0.005	0.001	-0.007
	平均相对误差	0.188%							
东部沿海地区 X_3	实际值	1.571	1.578	1.585	1.589	1.593	1.601	1.610	1.621
	模拟值		1.576	1.583	1.590	1.597	1.604	1.610	1.617
	残差		0.002	0.002	-0.001	-0.004	-0.002	0.000	0.004
	平均相对误差	0.132%							
南部沿海地区 X_4	实际值	1.510	1.523	1.531	1.543	1.560	1.579	1.601	1.622
	模拟值		1.515	1.532	1.548	1.565	1.582	1.599	1.617
	残差		0.008	-0.001	-0.005	-0.005	-0.003	0.002	0.005
	平均相对误差	0.265%							
黄河中游地区 X_5	实际值	1.921	1.926	1.931	1.936	1.945	1.955	1.963	1.972
	模拟值		1.923	1.931	1.939	1.947	1.955	1.963	1.971
	残差		0.003	0.000	-0.003	-0.002	0.000	0.000	0.001
	平均相对误差	0.070%							
长江中游地区 X_6	实际值	2.281	2.291	2.304	2.318	2.335	2.350	2.364	2.379
	模拟值		2.290	2.305	2.319	2.334	2.349	2.364	2.379
	残差		0.001	-0.001	-0.001	0.001	0.001	0.000	0.000
	平均相对误差	0.031%							

续表

序列		2011 年	2012 年	2013 年	2014 年	2015 年	2016 年	2017 年	2018 年
西南地区 X_7	实际值	2.371	2.385	2.399	2.411	2.429	2.447	2.464	2.480
	模拟值		2.383	2.399	2.414	2.431	2.447	2.463	2.479
	残差		0.002	0.001	-0.003	-0.001	0.000	0.001	0.001
	平均相对误差	0.059%							
大西北地区 X_8	实际值	0.628	0.634	0.639	0.645	0.654	0.661	0.669	0.676
	模拟值		0.633	0.640	0.647	0.654	0.661	0.668	0.676
	残差		0.001	-0.001	-0.002	0.000	0.000	0.001	0.000
	平均相对误差	0.103%							

三、预测常住人口

应用表 4-7 建立的 GM（1，1）模型，预测八大经济区域 2019～2025 年常住人口如表 4-8 所示，2011～2025 年八大经济区域的常住人口变化趋势如图 4-3 所示。

表 4-8　　八大经济区域地区常住人口预测值　　单位：亿人

序列	经济区域名称	2019 年	2020 年	2021 年	2022 年	2023 年	2024 年	2025 年
X_1	东北地区	1.084	1.081	1.079	1.077	1.074	1.072	1.070
X_2	北部沿海地区	2.154	2.169	2.184	2.200	2.215	2.230	2.246
X_3	东部沿海地区	1.624	1.631	1.638	1.645	1.652	1.659	1.666
X_4	南部沿海地区	1.634	1.652	1.670	1.688	1.707	1.725	1.744
X_5	黄河中游地区	1.979	1.987	1.995	2.003	2.011	2.019	2.027

续表

序列	经济区域名称	2019 年	2020 年	2021 年	2022 年	2023 年	2024 年	2025 年
X_6	长江中游地区	2.394	2.410	2.425	2.441	2.456	2.472	2.488
X_7	西南地区	2.496	2.512	2.529	2.546	2.563	2.580	2.597
X_8	大西北地区	0.683	0.691	0.699	0.706	0.714	0.722	0.730

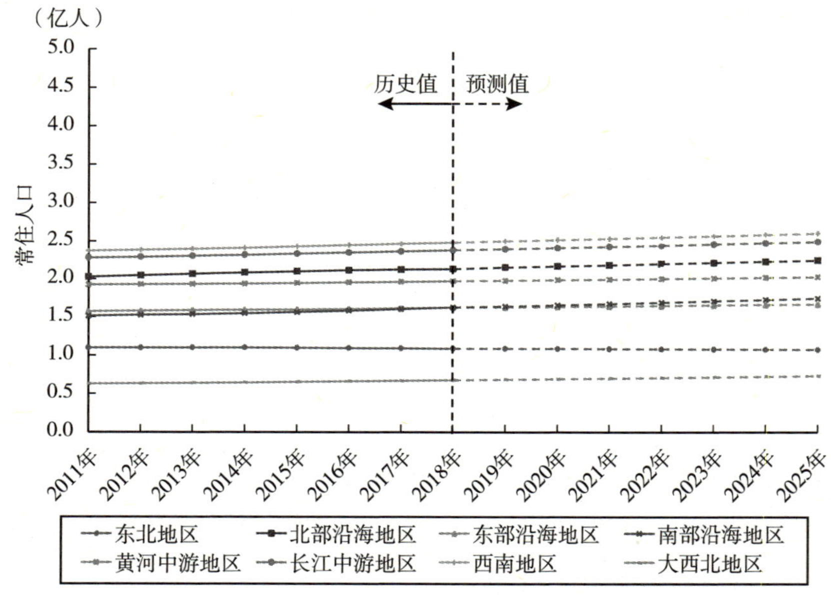

图 4-3　2011~2025 年八大经济区域常住人口变化趋势

四、结果分析

分别计算八大经济区域 2011 年、2018 年、2025 年常住人口占全国的比重，计算结果如图 4-4 所示。可见在过去 7 年与未来 7 年，东北地区常住人口占比降幅最大，南部沿海地区增幅最大；东北地区、东部沿海地区、黄河中游地区常住人口占比缓慢减少，长江中游地区与西南地区基本持平，北部沿海地区、南部沿海地区、大西北地区占比持续缓慢增加。

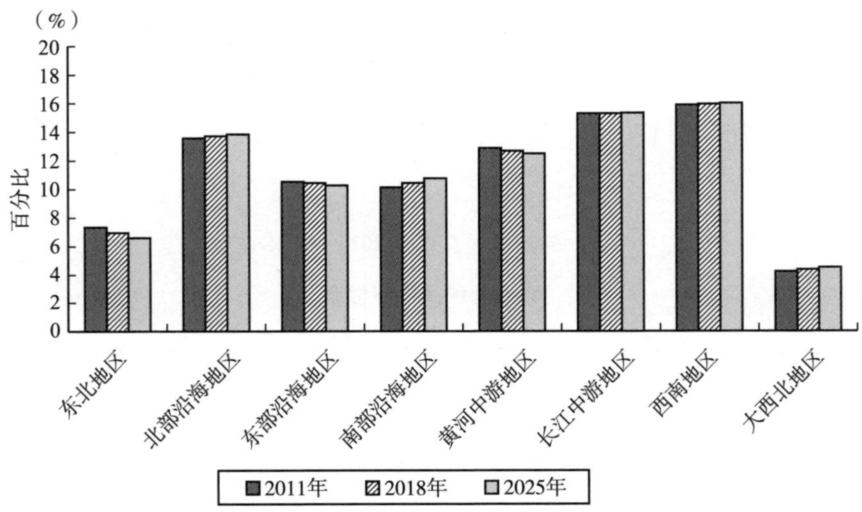

图 4－4　2011～2025 年八大经济区域常住人口占全国比重变化趋势

第三节　消费规模趋势预测

一、背景与数据

自 1949 年以来，我国消费领域发生历史性巨变，市场化改革成效显著，流通方式创新发展，市场在资源配置中的决定性作用逐步显现。消费品市场规模持续扩大，结构优化调整，消费成为经济增长的主要驱动力（国家统计局，2019）。社会消费品零售总额由 1952 年的 277 亿元增加到 2018 年的 380987 亿元，年均增长

11.6%。其中“一五”至“五五”时期年均增长7.6%，“六五”时期年均增长15.0%，“七五”时期年均增长14.0%，“八五”时期年均增长23.3%，“九五”时期年均增长10.6%，“十五”时期年均增长11.8%，“十一五”时期年均增长18.1%，“十二五”时期年均增长13.8%，2016~2018年年均增长约10%。各省、自治区、直辖市2011~2018年社会消费品零售总额如表4-9所示。

表4-9　各省、自治区、直辖市2011~2018年社会消费品零售总额

单位：亿元

地区	2011年	2012年	2013年	2014年	2015年	2016年	2017年	2018年
北京市	7222.2	8123.5	8872.1	9638	10338	11005.1	11575.4	11747.7
天津市	3395.1	3921.4	4470.4	4738.7	5257.3	5635.8	5729.7	5533
河北省	8035.5	9254	10516.7	11820.5	12990.7	14364.7	15907.6	16537.1
山西省	3903.4	4506.8	5139.3	5717.9	6033.7	6480.5	6918.1	7338.5
内蒙古自治区	3991.7	4572.5	5114.2	5657.6	6107.7	6700.8	7160.2	7311.1
辽宁省	8095.3	9304.2	10581.4	11857	12787.2	13414.1	13807.2	14142.8
吉林省	4119.8	4772.9	5426.4	6080.9	6651.9	7310.4	7855.8	7520.4
黑龙江省	4750.1	5491	6251.2	7015.3	7640.2	8402.5	9099.2	9317.4
上海市	7185.8	7840.4	8557	9303.5	10131.5	10946.6	11830.3	12668.7
江苏省	16058.3	18411.1	20878.2	23458.1	25876.8	28707.1	31737.4	33230.4
浙江省	12532.8	14199.6	15970.8	17835.3	19784.7	21970.8	24308.5	25007.9
安徽省	5288.2	6142.8	7044.7	7957	8908	10000.2	11192.6	12100.1
福建省	6276.2	7256.5	8275.3	9346.7	10505.9	11674.5	13013	14317.4
江西省	3560.5	4123.3	4696.1	5292.6	5925.5	6634.6	7448.1	7566.4
山东省	17155.5	19651.9	22294.8	25111.5	27761.4	30645.8	33649	33605
河南省	9453.6	10915.6	12426.6	14005	15740.4	17618.4	19666.8	20594.7
湖北省	8363.3	9682.4	11035.9	12449.3	14003.2	15649.2	17394.1	18333.6
湖南省	7209	8318.7	9509.5	10723.5	12024	13436.5	14854.9	15638.3

续表

地区	2011 年	2012 年	2013 年	2014 年	2015 年	2016 年	2017 年	2018 年
广东省	20297.5	22677.1	25453.9	28471.1	31517.6	34739.1	38200.1	39501.1
广西壮族自治区	3908.2	4516.6	5133.1	5772.8	6348.1	7027.3	7813	8291.6
海南省	822.5	950.2	1090.9	1224.5	1325.1	1453.7	1618.8	1717.1
重庆市	3782.3	4403	5055.8	5710.7	6424	7271.4	8067.7	7977
四川省	8290.8	9622	11001	12393	13877.7	15601.9	17480.5	18254.5
贵州省	1899.9	2266.3	2601.2	2936.9	3283	3709	4154	3971.2
云南省	3105.9	3597.9	4112.6	4632.9	5103.2	5722.9	6423.1	6826
西藏自治区	237.5	277.9	322.2	364.5	408.5	459.4	523.3	597.6
陕西省	3900.6	4581.6	5245	5918.7	6578.1	7367.6	8236.4	8938.3
甘肃省	1772.9	2064.4	2368.8	2668.3	2907.2	3184.4	3426.6	3428.3
青海省	413.4	480.3	549.6	620.8	691	767.3	839	835.6
宁夏回族自治区	515.5	590.5	668.5	737.2	789.6	850.1	930.4	935.8
新疆维吾尔自治区	1662.4	1916.1	2179.5	2436.5	2606	2825.9	3044.6	3187

资料来源：国家统计局《国家数据 - 地区数据》省、自治区、直辖市数据汇总，http：//data.stats.gov.cn/easyquery.htm？ cn = C02。

八大经济区域2011～2018年社会消费品零售总额如表4－10所示。

表4－10　　八大经济区域社会消费品零售总额　　单位：万亿元

序列	经济区域名称	2011 年	2012 年	2013 年	2014 年	2015 年	2016 年	2017 年	2018 年
X_1	东北地区	1.697	1.957	2.226	2.495	2.708	2.913	3.076	3.098
X_2	北部沿海地区	3.581	4.095	4.615	5.131	5.635	6.165	6.686	6.742
X_3	东部沿海地区	3.578	4.045	4.541	5.060	5.579	6.162	6.788	7.091
X_4	南部沿海地区	2.740	3.088	3.482	3.904	4.335	4.787	5.283	5.554

续表

序列	经济区域名称	2011 年	2012 年	2013 年	2014 年	2015 年	2016 年	2017 年	2018 年
X_5	黄河中游地区	2. 125	2. 458	2. 793	3. 130	3. 446	3. 817	4. 198	4. 418
X_6	长江中游地区	2. 442	2. 827	3. 229	3. 642	4. 086	4. 572	5. 089	5. 364
X_7	西南地区	2. 099	2. 441	2. 790	3. 145	3. 504	3. 933	4. 394	4. 532
X_8	大西北地区	0. 460	0. 533	0. 609	0. 683	0. 740	0. 809	0. 876	0. 898

资料来源：根据各省、自治区、直辖市社会消费品零售总额数据汇总。

二、建立灰色预测模型

应用灰色预测模型 GM（1，1），依次建立八大经济区域的社会消费品零售总额预测模型，并预测 2019 ~ 2025 年（“十四五”末期）期间各经济区域的社会消费品零售总额，应用 gm11. m 程序的拟合精度计算结果如表 4 – 11 所示。从表 4 – 11 可知，平均相对误差在 0. 031% ~ 0. 265%，具有很高的拟合精度，可用于预测未来年份的社会消费品零售总额。

表 4 – 11　　八大经济区域社会消费品零售总额预测模型拟合精度表　　单位：万亿元

序列		2011 年	2012 年	2013 年	2014 年	2015 年	2016 年	2017 年	2018 年
东北地区 X_1	实际值	1. 097	1. 097	1. 098	1. 098	1. 095	1. 091	1. 088	1. 084
	模拟值		2. 099	2. 258	2. 428	2. 612	2. 810	3. 022	3. 251
	残差		– 0. 142	– 0. 032	0. 067	0. 096	0. 103	0. 054	– 0. 153
	平均相对误差	3. 589%							

续表

序列		2011 年	2012 年	2013 年	2014 年	2015 年	2016 年	2017 年	2018 年
北部沿海地区 X_2	实际值	2.025	2.046	2.065	2.084	2.099	2.115	2.125	2.132
	模拟值		4.303	4.672	5.073	5.507	5.980	6.493	7.049
	残差		-0.208	-0.057	0.059	0.128	0.185	0.194	-0.307
	平均相对误差	2.881%							
东部沿海地区 X_3	实际值	1.571	1.578	1.585	1.589	1.593	1.601	1.610	1.621
	模拟值		4.171	4.577	5.023	5.512	6.049	6.639	7.286
	残差		-0.126	-0.036	0.037	0.067	0.113	0.149	-0.195
	平均相对误差	1.799%							
南部沿海地区 X_4	实际值	1.510	1.523	1.531	1.543	1.560	1.579	1.601	1.622
	模拟值		3.192	3.516	3.873	4.266	4.700	5.177	5.703
	残差		-0.104	-0.034	0.031	0.069	0.087	0.106	-0.149
	平均相对误差	1.889%							
黄河中游地区 X_5	实际值	1.921	1.926	1.931	1.936	1.945	1.955	1.963	1.972
	模拟值		2.553	2.810	3.092	3.402	3.744	4.120	4.534
	残差		-0.095	-0.017	0.038	0.044	0.073	0.078	-0.116
	平均相对误差	1.907%							
长江中游地区 X_6	实际值	2.281	2.291	2.304	2.318	2.335	2.350	2.364	2.379
	模拟值		2.934	3.260	3.622	4.025	4.472	4.970	5.522
	残差		-0.107	-0.031	0.020	0.061	0.100	0.119	-0.158
	平均相对误差	2.034%							

续表

序列		2011 年	2012 年	2013 年	2014 年	2015 年	2016 年	2017 年	2018 年
西南地区 X_7	实际值	2. 371	2. 385	2. 399	2. 411	2. 429	2. 447	2. 464	2. 480
	模拟值		2. 545	2. 820	3. 124	3. 461	3. 835	4. 248	4. 707
	残差		-0. 104	-0. 030	0. 021	0. 043	0. 098	0. 146	-0. 175
	平均相对误差	2. 413%							
大西北地区 X_8	实际值	0. 628	0. 634	0. 639	0. 645	0. 654	0. 661	0. 669	0. 676
	模拟值		0. 564	0. 614	0. 667	0. 725	0. 789	0. 857	0. 932
	残差		-0. 031	-0. 005	0. 016	0. 015	0. 020	0. 019	-0. 034
	平均相对误差	2. 773%							

三、预测社会消费品零售总额

应用表 4 - 11 建立的 GM（1，1）模型，预测八大经济区域 2019 ~ 2025 年社会消费品零售总额如表 4 - 12 所示，2011 ~ 2025 年八大经济区域的社会消费品零售总额变化趋势如图 4 - 5 所示。

表 4 - 12　八大经济区域地区社会消费品零售总额预测值 单位：万亿元

序列	经济区域名称	2019 年	2020 年	2021 年	2022 年	2023 年	2024 年	2025 年
X_1	东北地区	3. 496	3. 761	4. 045	4. 351	4. 680	5. 034	5. 414
X_2	北部沿海地区	7. 654	8. 310	9. 023	9. 796	10. 636	11. 548	12. 539
X_3	东部沿海地区	7. 996	8. 775	9. 630	10. 568	11. 598	12. 728	13. 969
X_4	南部沿海地区	6. 282	6. 920	7. 623	8. 397	9. 250	10. 189	11. 224
X_5	黄河中游地区	4. 989	5. 490	6. 042	6. 648	7. 316	8. 050	8. 859

续表

序列	经济区域名称	2019 年	2020 年	2021 年	2022 年	2023 年	2024 年	2025 年
X_6	长江中游地区	6. 136	6. 818	7. 576	8. 419	9. 355	10. 395	11. 551
X_7	西南地区	5. 215	5. 778	6. 401	7. 092	7. 857	8. 705	9. 645
X_8	大西北地区	1. 013	1. 102	1. 198	1. 302	1. 416	1. 539	1. 674

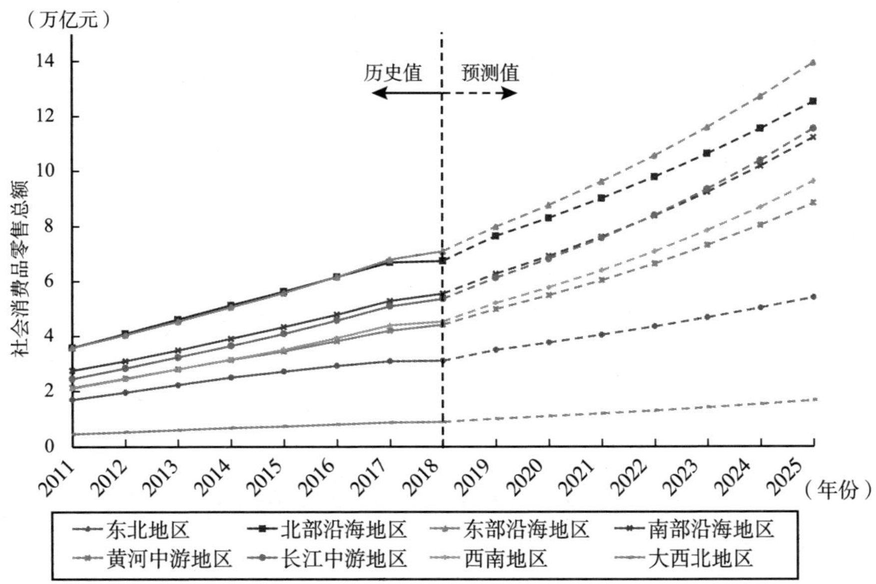

图 4－5　2011～2025 年八大经济区域社会消费品零售总额变化趋势

四、结果分析

分别计算八大经济区域 2011 年、2018 年、2025 年社会消费品零售总额占全国的比重，计算结果如图 4－6 所示。可见在过去 7 年与未来 7 年，东北地区社会消费品零售总额占比降幅最大，西南地区增幅最大；东北地区、北部沿海地区社会消费品零售总额占比持续减少，东部沿海地区、南部沿海地区、黄河中游地区、大西北地区基本持平，长江中游地区与西南地区占比持续缓慢增加。

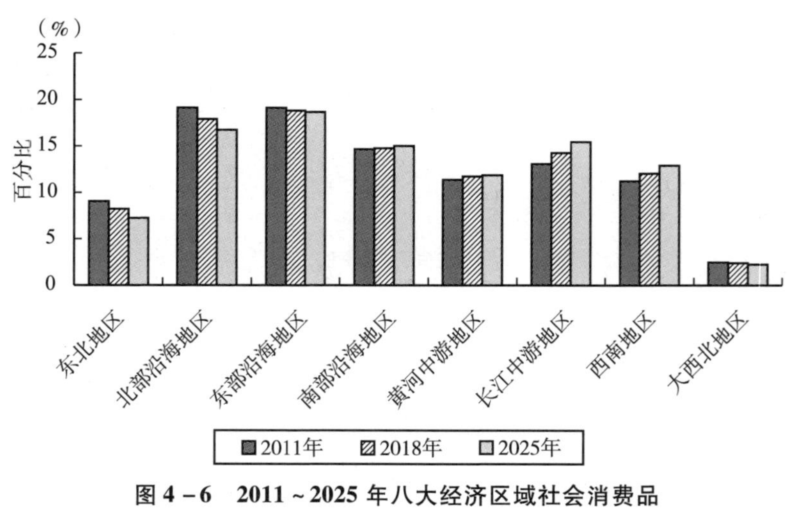

图 4-6　2011~2025 年八大经济区域社会消费品零售总额占全国比重变化趋势

第四节　能源需求趋势预测

一、背景与数据

自 1949 年以来，我国能源事业沧桑巨变。中华人民共和国成立初期我国能源生产水平很低，供求关系紧张，存在严重的结构性问题。70 年后的今天，随着我国经济的快速发展与社会生产力的显著增强，我国能源领域发生了翻天覆地的变化，取得了举世瞩目的伟大成就，能源生产不断攻坚克难，实现跨越式发展，能源消费水平不断提高，实现历史性改善。党的十八大以来，全国上下深入贯彻落实新发展理念，充分把握新时代对能源事业发展的新要求，不断强化各项节能降耗政策落实，我国能源事业取得新进展，能源结构显著优化，节能降耗成效巨大（国家统计局，2019）。电力作为应用最广泛的能力，是“克强指数”三指标（用电量、铁路货运量、新增银行贷款）之一。各省、自治区、直辖市 2011 ~ 2018 年电力消费量如表 4 – 13 所示。

表 4 – 13 各省、自治区、直辖市 2011 ~ 2018 年电力消费量

单位：亿千瓦时

地区	2011 年	2012 年	2013 年	2014 年	2015 年	2016 年	2017 年	2018 年
北京市	821.71	874.3	913.1	937.05	952.72	1020.27	1066.89	1142.38
天津市	695.15	722.5	774.5	794.36	800.6	807.93	805.59	861.44
河北省	2984.9	3077.7	3251.2	3314.11	3175.66	3264.52	3441.74	3665.66
山西省	1650.41	1765.8	1832.3	1822.63	1737.21	1797.18	1990.61	2160.53
内蒙古自治区	1864.07	2016.8	2181.9	2416.74	2542.87	2605.03	2891.87	3353.44
辽宁省	1861.53	1899.9	2008.5	2038.73	1984.89	2037.4	2135.5	2302.38
吉林省	630.15	637	653.8	667.81	651.96	667.63	702.98	750.57
黑龙江省	801.87	827.9	845.2	859.42	868.97	896.62	928.57	973.88
上海市	1339.62	1353.4	1410.6	1369.03	1405.55	1486.02	1526.77	1566.66
江苏省	4281.62	4580.9	4956.6	5012.54	5114.7	5458.95	5807.89	6128.27
浙江省	3116.91	3210.6	3453.1	3506.39	3553.9	3873.19	4192.63	4532.82
安徽省	1221.19	1361.1	1528.1	1585.18	1639.79	1794.98	1921.48	2135.07
福建省	1515.86	1579.5	1700.7	1855.79	1851.86	1968.58	2112.72	2313.82
江西省	835.1	867.7	947.1	1018.52	1087.26	1182.5	1293.98	1428.77
山东省	3635.26	3794.6	4083.1	4223.49	5117.05	5390.75	5430.16	5916.77
河南省	2659.14	2747.7	2899.2	2919.57	2879.62	2989.15	3166.17	3417.68

续表

地区	2011 年	2012 年	2013 年	2014 年	2015 年	2016 年	2017 年	2018 年
湖北省	1450.76	1507.9	1629.8	1656.54	1665.16	1763.11	1869.00	2071.43
湖南省	1293.44	1346.5	1423.1	1430.88	1447.63	1495.65	1581.51	1745.24
广东省	4399.02	4619.4	4830.1	5235.23	5310.69	5610.13	5958.97	6323.35
广西壮族自治区	1112.21	1153.9	1237.7	1307.99	1334.32	1359.65	1444.95	1702.75
海南省	185.28	210.3	232.0	251.88	272.36	287.31	304.95	326.78
重庆市	717.03	723.5	813.3	867.24	875.37	924.89	996.55	1114.47
四川省	1751.44	1830.7	1949.0	2014.79	1992.40	2101.02	2205.18	2459.49
贵州省	944.13	1046.7	1126.3	1173.74	1174.21	1241.78	1384.89	1482.12
云南省	1204.07	1315.9	1459.8	1529.38	1438.61	1410.52	1538.10	1679.08
西藏自治区	23.77	27.8	30.7	33.98	40.53	49.22	58.19	69.02
陕西省	982.47	1066.7	1152.2	1226.01	1221.73	1357.06	1494.75	1594.17
甘肃省	923.45	994.6	1073.2	1095.48	1098.72	1065.15	1164.37	1289.52
青海省	560.68	602.2	676.3	723.21	658.00	637.51	687.01	738.34
宁夏回族自治区	724.54	741.8	811.2	848.75	878.33	886.91	978.30	1064.85
新疆维吾尔自治区	839.10	1151.5	1539.8	1900.24	2160.34	2316.46	2542.85	2138.33

资料来源：国家统计局《国家数据－地区数据》省、自治区、直辖市数据汇总，http://data.stats.gov.cn/easyquery.htm?cn=C02。

八大经济区域2011～2018年电力消费量如表4－14所示。

表4－14　　八大经济区域电力消费量　　单位：万亿千瓦时

序列	经济区域名称	2011 年	2012 年	2013 年	2014 年	2015 年	2016 年	2017 年	2018 年
X_1	东北地区	0.329	0.336	0.351	0.357	0.351	0.360	0.377	0.403
X_2	北部沿海地区	0.814	0.847	0.902	0.927	1.005	1.048	1.074	1.159
X_3	东部沿海地区	0.874	0.914	0.982	0.989	1.007	1.082	1.153	1.223

续表

序列	经济区域名称	2011 年	2012 年	2013 年	2014 年	2015 年	2016 年	2017 年	2018 年
X_4	南部沿海地区	0.610	0.641	0.676	0.734	0.743	0.787	0.838	0.896
X_5	黄河中游地区	0.716	0.760	0.807	0.838	0.838	0.875	0.954	1.053
X_6	长江中游地区	0.480	0.508	0.553	0.569	0.584	0.624	0.667	0.738
X_7	西南地区	0.573	0.607	0.659	0.689	0.681	0.704	0.757	0.844
X_8	大西北地区	0.307	0.352	0.413	0.460	0.484	0.496	0.543	0.530

资料来源：根据各省、自治区、直辖市电力消费量数据汇总。

二、建立灰色预测模型

应用灰色预测模型 GM（1，1），依次建立八大经济区域的电力消费量预测模型，并预测 2019～2025 年（“十四五”末期）期间电力消费量，应用 gm11.m 程序的拟合精度计算结果如表 4－15 所示。从表 4－15 可知，平均相对误差在 0.573%～3.872%，具有较高的拟合精度，可用于预测未来年份的电力消费量。

表 4－15　　八大经济区域电力消费量预测模型拟合精度表

单位：万亿千瓦时

序列		2011 年	2012 年	2013 年	2014 年	2015 年	2016 年	2017 年	2018 年
东北地区 X_1	实际值	4.538	5.048	5.471	5.747	5.782	5.241	5.426	5.675
	模拟值		0.335	0.344	0.353	0.362	0.371	0.381	0.390
	残差		0.001	0.007	0.005	-0.011	-0.011	-0.004	0.013
	平均相对误差	1.978%							

续表

序列		2011 年	2012 年	2013 年	2014 年	2015 年	2016 年	2017 年	2018 年
北部沿海地区 X_2	实际值	9.744	10.736	11.792	12.591	13.236	14.365	15.321	16.161
	模拟值		0.851	0.895	0.941	0.989	1.040	1.094	1.151
	残差		-0.004	0.008	-0.014	0.016	0.008	-0.020	0.008
	平均相对误差	1.087%							
东部沿海地区 X_3	实际值	10.062	10.891	11.933	12.883	13.813	15.282	16.827	18.147
	模拟值		0.908	0.951	0.997	1.045	1.095	1.148	1.203
	残差		0.006	0.031	-0.008	-0.038	-0.013	0.005	0.020
	平均相对误差	1.671%							
南部沿海地区 X_4	实际值	7.329	7.963	8.752	9.537	10.250	11.372	12.635	13.791
	模拟值		0.642	0.677	0.715	0.755	0.796	0.841	0.887
	残差		-0.001	-0.001	0.019	-0.012	-0.009	-0.003	0.009
	平均相对误差	0.997%							
黄河中游地区 X_5	实际值	6.504	7.205	7.798	8.316	8.562	9.105	9.808	10.660
	模拟值		0.748	0.787	0.827	0.870	0.915	0.963	1.012
	残差		0.012	0.020	0.011	-0.032	-0.040	-0.009	0.041
	平均相对误差	2.656%							
长江中游地区 X_6	实际值	6.631	7.457	8.305	9.098	9.718	10.712	11.641	12.778
	模拟值		0.505	0.535	0.568	0.602	0.638	0.676	0.717
	残差		0.003	0.018	0.001	-0.018	-0.014	-0.009	0.021
	平均相对误差	1.923%							

续表

序列		2011 年	2012 年	2013 年	2014 年	2015 年	2016 年	2017 年	2018 年
西南地区 X_7	实际值	5.735	6.548	7.354	8.055	8.670	9.556	10.485	11.408
	模拟值		0.609	0.639	0.670	0.702	0.737	0.772	0.810
	残差		-0.002	0.020	0.019	-0.021	-0.033	-0.015	0.034
	平均相对误差	2.863%							
大西北地区 X_8	实际值	1.601	1.809	2.029	2.209	2.247	2.374	2.572	2.849
	模拟值		0.387	0.411	0.437	0.465	0.494	0.526	0.559
	残差		-0.035	0.002	0.023	0.019	0.002	0.017	-0.029
	平均相对误差	4.025%							

三、预测电力消费量

应用表 4 - 15 建立的 GM（1，1）模型，预测八大经济区域 2019 ~ 2025 年电力消费量如表 4 - 16 所示，2011 ~ 2025 年八大经济区域的电力消费量变化趋势如图 4 - 7 所示。

表 4 - 16　　八大经济区域电力消费量预测值　　单位：万亿千瓦时

序列	经济区域名称	2019 年	2020 年	2021 年	2022 年	2023 年	2024 年	2025 年
X_1	东北地区	0.401	0.411	0.422	0.433	0.444	0.455	0.467
X_2	北部沿海地区	1.210	1.273	1.338	1.408	1.480	1.557	1.637
X_3	东部沿海地区	1.261	1.322	1.385	1.452	1.522	1.595	1.671
X_4	南部沿海地区	0.937	0.988	1.043	1.101	1.162	1.227	1.295
X_5	黄河中游地区	1.065	1.120	1.178	1.239	1.303	1.371	1.442

续表

序列	经济区域名称	2019 年	2020 年	2021 年	2022 年	2023 年	2024 年	2025 年
X_6	长江中游地区	0. 760	0. 805	0. 854	0. 905	0. 959	1. 017	1. 078
X_7	西南地区	0. 849	0. 890	0. 934	0. 979	1. 027	1. 077	1. 129
X_8	大西北地区	0. 594	0. 632	0. 671	0. 714	0. 759	0. 807	0. 858

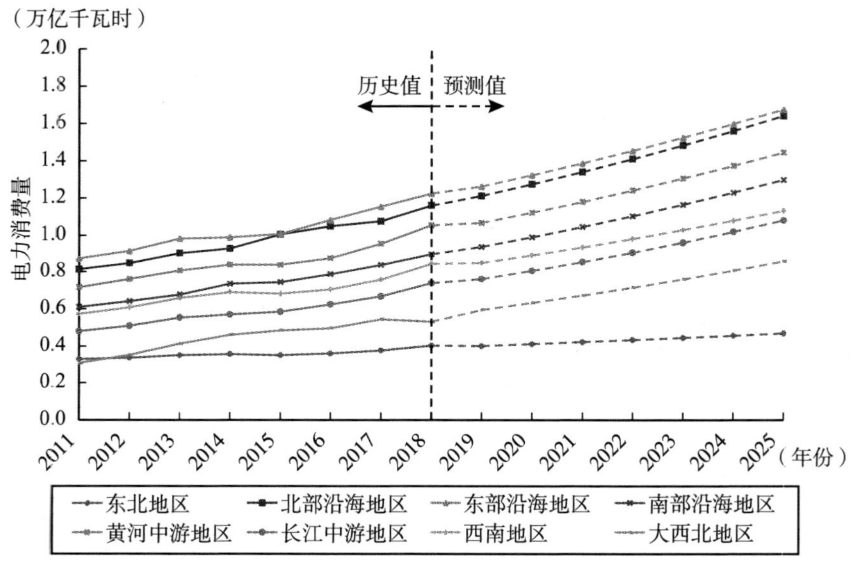

图 4－7　2011～2025 年八大经济区域电力消费量变化趋势

四、结果分析

分别计算八大经济区域 2011 年、2018 年、2025 年电力消费量占全国的比重，计算结果如图 4－8 所示。可见在过去 7 年与未来 7 年，东北地区电力消费量占比降幅最大，大西北地区增幅最大；东北地区、东部沿海地区电力消费量持续减少，北部沿海地区、黄河中游地区、西南地区基本持平，南部沿海地区、长江中游地区、大西北地区占比持续增加。

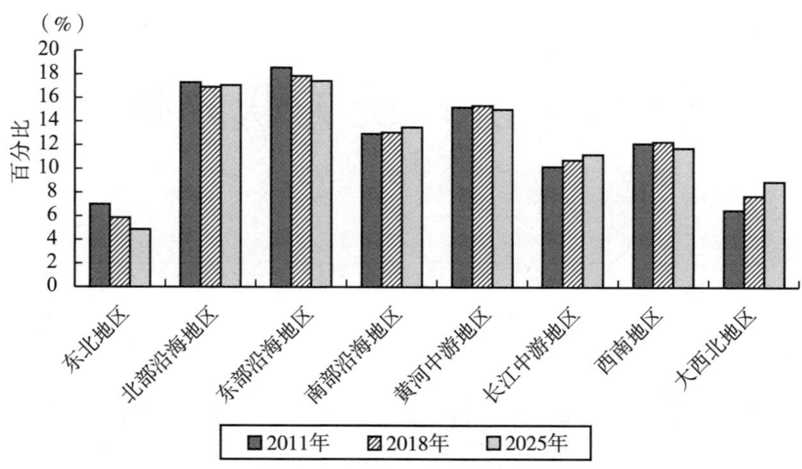

图 4－8　2011～2025 年八大经济区域电力消费量占全国比重变化趋势

第五节　本章小结

本章应用 GM（1，1）模型建立了八大经济区域的地区生产总值、常住人口、消费规模、能源需求规模的灰色预测模型，给出了 2019～2025 年期间的区域预测值，并对比分析 2011 年、2018 年、2025 年三个节点各经济区域相关指标值占全国总量的比重，分析发展趋势。

第五章

区域经济系统关联分析

第一节　地区生产总值与三次产业关联分析

一、背景与数据

自 1949 年以来，我国农业基础作用不断加强，工业主导地位迅速提升，服务业对经济社会的支撑效应日益突出，三次产业发展趋于均衡，经济发展的全面性、协调性与可持续性不断增强（国家统计局，2019）。中华人民共和国成立初期，我国农业占比较高，工业与服务业相对薄弱。1952 年，第一、第二、第三产业增加值占国内生产总值的比重分别为 50.5%、20.8%和 28.7%。20 世纪 50～70 年代，随着工业化建设推进，第二产业比重不断提升。1978 年，第一、第二、第三产业比重分别为 27.7%、47.7%和 24.6%。改革开放以来，工业化、城镇化快速发展，农业基础巩固加强，工业与服务业发展水平不断提高。2012 年，第三产业比重达到45.5%，首次超过第二产业，成为国民经济第一大产业。党的十八大以来，我国农业、工业、服务业协同发展。2018 年，第一、二、三产业比重分别为 7.2%、40.7% 和 52.2%，对经济增长的贡献率分别为 4.2%、36.1% 和 59.7%。各省、自治区、直辖市地区生产总值如表4－1 所示，第一产业增加值如表 5－1 所示、第二产业增加值如表 5－2 所示、第三产业增加值如表 5－3 所示。

表 5－1　各省、自治区、直辖市 2011～2018 年第一产业增加值

单位：亿元

地区	2011 年	2012 年	2013 年	2014 年	2015 年	2016 年	2017 年	2018 年
北京市	136.27	150.20	159.64	158.99	140.21	129.79	120.42	118.69
天津市	159.72	171.60	186.96	199.90	208.82	220.22	168.96	172.71
河北省	2905.73	3186.66	3381.98	3447.46	3439.45	3492.81	3129.98	3338.00
山西省	641.42	698.32	741.01	788.89	783.16	784.78	719.16	740.64
内蒙古自治区	1306.30	1448.58	1575.76	1627.85	1617.42	1637.39	1649.77	1753.82
辽宁省	1915.57	2155.82	2216.15	2285.75	2384.03	2173.06	1902.28	2033.30
吉林省	1277.44	1412.11	1466.74	1524.01	1596.28	1498.52	1095.36	1160.75
黑龙江省	1701.50	2113.66	2474.12	2611.36	2633.50	2670.46	2965.25	3000.96
上海市	124.94	127.80	124.89	124.26	109.82	109.47	110.78	104.37
江苏省	3064.78	3418.29	3469.86	3634.33	3986.05	4077.18	4045.16	4141.72
浙江省	1583.04	1667.88	1760.34	1777.18	1832.91	1965.18	1933.92	1967.01
安徽省	2015.31	2178.73	2267.15	2392.39	2456.69	2567.72	2582.27	2638.01
福建省	1612.24	1776.71	1874.23	2014.80	2118.1	2363.22	2215.13	2379.82

续表

地区	2011 年	2012 年	2013 年	2014 年	2015 年	2016 年	2017 年	2018 年
江西省	1391. 07	1520. 23	1588. 51	1683. 72	1772. 98	1904. 53	1835. 26	1877. 33
山东省	3973. 85	4281. 70	4565. 97	4798. 36	4979. 08	4929. 13	4832. 71	4950. 52
河南省	3512. 24	3769. 54	3972. 70	4160. 01	4209. 56	4286. 21	4139. 29	4289. 38
湖北省	2569. 30	2848. 77	3030. 27	3176. 89	3309. 84	3659. 33	3528. 96	3547. 51
湖南省	2768. 03	3004. 21	2990. 31	3148. 75	3331. 62	3578. 37	2998. 40	3083. 59
广东省	2665. 20	2847. 26	2977. 13	3166. 82	3345. 54	3694. 37	3611. 44	3831. 44
广西壮族自治区	2047. 23	2172. 37	2290. 64	2413. 44	2565. 45	2796. 80	2878. 30	3019. 37
海南省	659. 23	711. 54	736. 03	809. 52	854. 72	948. 35	962. 84	1000. 11
重庆市	844. 52	940. 01	1002. 68	1061. 03	1150. 15	1303. 24	1276. 09	1378. 27
四川省	2983. 51	3297. 21	3368. 66	3531. 05	3677. 30	3929. 33	4262. 35	4426. 66
贵州省	726. 22	891. 91	998. 47	1280. 45	1640. 61	1846. 19	2032. 27	2159. 54
云南省	1411. 01	1654. 55	1860. 80	1990. 07	2055. 78	2195. 11	2338. 37	2498. 86
西藏自治区	74. 47	80. 38	84. 68	91. 64	98. 04	115. 78	122. 72	130. 25
陕西省	1220. 90	1370. 16	1460. 97	1564. 94	1597. 63	1693. 85	1741. 45	1830. 19
甘肃省	678. 75	780. 50	844. 69	900. 76	954. 09	983. 39	859. 75	921. 30
青海省	155. 08	176. 91	204. 72	215. 93	208. 93	221. 19	238. 41	268. 10
宁夏回族自治区	184. 14	199. 40	210. 81	216. 99	237. 76	241. 60	250. 62	279. 85
新疆维吾尔自治区	1139. 03	1320. 57	1434. 83	1538. 60	1559. 08	1648. 97	1551. 84	1692. 09

资料来源：国家统计局《国家数据—地区数据》省、自治区、直辖市数据汇总，http：//data. stats. gov. cn/easyquery. htm？ cn = C02。

表 5－2　各省、自治区、直辖市 2011～2018 年第二产业增加值

单位：亿元

地区	2011 年	2012 年	2013 年	2014 年	2015 年	2016 年	2017 年	2018 年
北京市	3752.48	4059.27	4292.56	4544.80	4542.64	4944.44	5326.76	5647.65
天津市	5928.32	6663.82	7275.45	7731.85	7704.22	7571.35	7593.59	7609.81
河北省	13126.86	14003.57	14781.85	15012.85	14386.87	15256.93	15846.21	16040.06
山西省	6635.26	6731.56	6613.06	6293.91	5194.27	5028.99	6778.89	7089.19
内蒙古自治区	8037.69	8801.50	9104.08	9119.79	9000.58	8553.63	6399.68	6807.30
辽宁省	12152.15	13230.49	13963.95	14384.64	13041.97	8606.54	9199.80	10025.10
吉林省	5611.48	6376.77	6871.96	7286.59	7005.71	7004.95	6998.51	6410.85
黑龙江省	5962.41	6037.61	5846.67	5544.41	4798.08	4400.69	4060.60	4030.94
上海市	7927.89	7854.77	7907.81	8167.71	7991.00	8406.28	9330.67	9732.54
江苏省	25203.28	27121.95	29086.08	30854.50	32044.45	34619.50	38654.87	41248.52
浙江省	16555.58	17316.32	18047.52	19175.06	19711.67	21194.61	22232.08	23505.88
安徽省	8309.38	9404.84	10390.04	11077.67	10946.83	11821.58	12838.28	13842.09
福建省	9069.20	10187.94	11329.60	12515.36	13064.82	14093.47	15354.29	17232.36
江西省	6390.55	6942.59	7713.02	8247.93	8411.57	8829.54	9627.98	10250.21
山东省	24017.11	25735.73	27442.85	28788.11	29485.90	31343.67	32942.84	33641.72
河南省	15427.08	16672.20	16742.90	17816.56	17917.37	19275.82	21105.52	22034.83
湖北省	9815.94	11193.10	11786.64	12852.40	13503.56	14654.38	15441.75	17088.95
湖南省	9361.99	10506.42	11553.97	12482.06	12810.82	13341.17	14145.49	14453.54
广东省	26447.38	27700.97	28994.22	31419.75	32613.54	35109.66	38008.06	40695.15
广西壮族自治区	5675.32	6247.43	6731.32	7324.96	7717.52	8273.66	7450.85	8072.94
海南省	714.50	804.47	797.39	875.97	875.82	905.95	996.35	1095.79
重庆市	5543.04	5975.18	5812.29	6529.06	7069.37	7898.92	8584.61	8328.79
四川省	11029.13	12333.28	13472.05	13962.41	13248.08	13448.92	14328.13	15322.72

续表

地区	2011 年	2012 年	2013 年	2014 年	2015 年	2016 年	2017 年	2018 年
贵州省	2194. 33	2677. 54	3276. 24	3857. 44	4147. 83	4669. 53	5428. 14	5755. 54
云南省	3780. 32	4419. 20	4939. 21	5281. 82	5416. 12	5690. 16	6204. 97	6957. 44
西藏自治区	208. 79	242. 85	292. 92	336. 84	376. 19	429. 17	513. 65	628. 37
陕西省	6935. 59	8073. 87	8912. 34	9577. 24	9082. 13	9490. 72	10882. 88	12157. 48
甘肃省	2377. 83	2600. 09	2745. 35	2926. 45	2494. 77	2515. 56	2561. 79	2794. 67
青海省	975. 18	1092. 34	1151. 28	1234. 31	1207. 31	1249. 98	1162. 41	1247. 06
宁夏回族自治区	1056. 15	1159. 37	1259. 59	1341. 24	1379. 60	1488. 44	1580. 57	1650. 26
新疆维吾尔自治区	3225. 90	3481. 56	3574. 88	3948. 96	3596. 40	3647. 01	4330. 89	4922. 97

资料来源：国家统计局《国家数据—地区数据》省、自治区、直辖市数据汇总，http：//data. stats. gov. cn/easyquery. htm？ cn = C02。

表 5－3　各省、自治区、直辖市 2011～2018 年第三产业增加值

单位：亿元

地区	2011 年	2012 年	2013 年	2014 年	2015 年	2016 年	2017 年	2018 年
北京市	12363. 18	13669. 93	15348. 61	16627. 04	18331. 74	20594. 90	22567. 76	24553. 64
天津市	5219. 24	6058. 46	6979. 60	7795. 18	8625. 15	10093. 82	10786. 64	11027. 12
河北省	8483. 17	9384. 78	10279. 12	10960. 84	11979. 79	13320. 71	15040. 13	16632. 21
山西省	3960. 87	4682. 95	5311. 18	5678. 69	6789. 06	7236. 64	8030. 37	8988. 28
内蒙古自治区	5015. 89	5630. 50	6236. 66	7022. 55	7213. 51	7937. 08	8046. 76	8728. 10
辽宁省	8158. 98	9460. 12	11033. 12	11956. 19	13243. 02	11467. 30	12307. 16	13256. 95
吉林省	3679. 91	4150. 36	4707. 70	4992. 54	5461. 14	6273. 33	6850. 66	7503. 02
黑龙江省	4918. 09	5540. 31	6134. 12	6883. 61	7652. 09	8314. 94	8876. 83	9329. 72

续表

地区	2011 年	2012 年	2013 年	2014 年	2015 年	2016 年	2017 年	2018 年
上海市	11142. 86	12199. 15	13785. 45	15275. 72	17022. 63	19662. 90	21191. 54	22842. 96
江苏省	20842. 21	23517. 98	27197. 43	30599. 49	34085. 88	38691. 60	43169. 73	47205. 16
浙江省	14180. 23	15681. 13	17948. 72	19220. 79	21341. 91	24091. 57	27602. 26	30724. 26
安徽省	4975. 96	5628. 48	6572. 14	7378. 68	8602. 11	10018. 32	11597. 45	13526. 72
福建省	6878. 74	7737. 13	8664. 66	9525. 60	10796. 90	12353. 89	14612. 67	16191. 86
江西省	3921. 20	4486. 06	5108. 66	5782. 98	6539. 23	7764. 93	8543. 07	9857. 24
山东省	17370. 89	19995. 81	23221. 51	25840. 12	28537. 35	31751. 69	34858. 60	37877. 43
河南省	7991. 72	9157. 57	11475. 70	12961. 67	14875. 23	16909. 76	19308. 02	21731. 65
湖北省	7247. 02	8208. 58	9974. 92	11349. 93	12736. 79	14351. 67	16507. 38	18730. 09
湖南省	7539. 54	8643. 60	10077. 39	11406. 51	12759. 77	14631. 83	16759. 07	18888. 65
广东省	24097. 70	26519. 69	30503. 44	33223. 28	36853. 47	42050. 88	48085. 73	52751. 18
广西壮族自治区	3998. 33	4615. 30	5427. 94	5934. 49	6520. 15	7247. 18	8194. 11	9260. 20
海南省	1148. 93	1339. 53	1644. 14	1815. 23	1972. 22	2198. 90	2503. 35	2736. 15
重庆市	3623. 81	4494. 41	5968. 29	6672. 51	7497. 75	8538. 43	9564. 03	10656. 13
四川省	7014. 04	8242. 31	9551. 36	11043. 20	13127. 72	15556. 29	18389. 74	20928. 70
贵州省	2781. 29	3282. 75	3812. 15	4128. 50	4714. 12	5261. 01	6080. 42	6891. 37
云南省	3701. 79	4235. 72	5032. 30	5542. 70	6147. 27	6903. 15	7833. 00	8424. 82
西藏自治区	322. 57	377. 80	438. 07	492. 35	552. 16	606. 46	674. 55	719. 01
陕西省	4355. 81	5009. 65	5832. 14	6547. 76	7342. 10	8215. 02	9274. 48	10450. 65
甘肃省	1963. 79	2269. 61	2740. 65	3009. 61	3341. 46	3701. 42	4038. 36	4530. 10
青海省	540. 18	624. 29	766. 06	853. 08	1000. 81	1101. 32	1224. 01	1350. 07
宁夏回族自治区	861. 92	982. 52	1107. 17	1193. 87	1294. 41	1438. 55	1612. 37	1775. 07
新疆维吾尔自治区	2245. 12	2703. 18	3434. 13	3785. 90	4169. 32	4353. 72	4999. 23	5584. 02

资料来源：国家统计局《国家数据—地区数据》省、自治区、直辖市数据汇总，http：//data. stats. gov. cn/easyquery. htm？ cn = C02。

但由于地区间基础条件与经济发展水平差异，各区域各次产业发展水平并不同步，八大经济区域地区生产总值与第一产业增加值、第二产业增加值、第三产业增加值如表 5-4 所示。

表 5-4　　　八大经济区域地区生产总值及结构　　　单位：万亿元

地区		2011 年	2012 年	2013 年	2014 年	2015 年	2016 年	2017 年	2018 年
东北地区	地区生产总值	4.538	5.048	5.471	5.747	5.782	5.241	5.426	5.675
	第一产业增加值	0.489	0.568	0.616	0.642	0.661	0.634	0.596	0.620
	第二产业增加值	2.373	2.564	2.668	2.722	2.485	2.001	2.026	2.047
	第三产业增加值	1.676	1.915	2.187	2.383	2.636	2.606	2.803	3.009
北部沿海地区	地区生产总值	9.744	10.736	11.792	12.591	13.236	14.365	15.321	16.161
	第一产业增加值	0.718	0.779	0.829	0.860	0.877	0.877	0.825	0.858
	第二产业增加值	4.682	5.046	5.379	5.608	5.612	5.912	6.171	6.294
	第三产业增加值	4.344	4.911	5.583	6.122	6.747	7.576	8.325	9.009
东部沿海地区	地区生产总值	10.062	10.891	11.933	12.883	13.813	15.282	16.827	18.147
	第一产业增加值	0.477	0.521	0.536	0.554	0.593	0.615	0.609	0.621
	第二产业增加值	4.969	5.229	5.504	5.820	5.975	6.422	7.022	7.449
	第三产业增加值	4.617	5.140	5.893	6.510	7.245	8.245	9.196	10.077
南部沿海地区	地区生产总值	7.329	7.963	8.752	9.537	10.25	11.372	12.635	13.791
	第一产业增加值	0.494	0.534	0.559	0.599	0.632	0.701	0.679	0.721
	第二产业增加值	3.623	3.869	4.112	4.481	4.655	5.011	5.436	5.902
	第三产业增加值	3.213	3.560	4.081	4.456	4.962	5.660	6.520	7.168
黄河中游地区	地区生产总值	6.504	7.205	7.798	8.316	8.562	9.105	9.808	10.66
	第一产业增加值	0.668	0.729	0.775	0.814	0.821	0.840	0.825	0.861
	第二产业增加值	3.704	4.028	4.137	4.281	4.119	4.235	4.517	4.809
	第三产业增加值	2.132	2.448	2.886	3.221	3.622	4.030	4.466	4.990

续表

地区		2011 年	2012 年	2013 年	2014 年	2015 年	2016 年	2017 年	2018 年
长江中游地区	地区生产总值	6. 631	7. 457	8. 305	9. 098	9. 718	10. 712	11. 641	12. 778
	第一产业增加值	0. 874	0. 955	0. 988	1. 040	1. 087	1. 171	1. 094	1. 115
	第二产业增加值	3. 388	3. 805	4. 144	4. 466	4. 567	4. 865	5. 205	5. 563
	第三产业增加值	2. 368	2. 697	3. 173	3. 592	4. 064	4. 677	5. 341	6. 100
西南地区	地区生产总值	5. 735	6. 548	7. 354	8. 055	8. 67	9. 556	10. 485	11. 408
	第一产业增加值	0. 801	0. 896	0. 952	1. 028	1. 109	1. 207	1. 279	1. 348
	第二产业增加值	2. 822	3. 165	3. 423	3. 696	3. 760	3. 998	4. 200	4. 444
	第三产业增加值	2. 112	2. 487	2. 979	3. 332	3. 801	4. 351	5. 006	5. 616
大西北地区	地区生产总值	1. 601	1. 809	2. 029	2. 209	2. 247	2. 374	2. 572	2. 849
	第一产业增加值	0. 223	0. 256	0. 278	0. 296	0. 306	0. 321	0. 302	0. 329
	第二产业增加值	0. 784	0. 858	0. 902	0. 979	0. 905	0. 933	1. 015	1. 124
	第三产业增加值	0. 593	0. 696	0. 849	0. 933	1. 036	1. 120	1. 255	1. 396

资料来源：根据各省、自治区、直辖市地区生产总值与各次产业增加值数据汇总。

二、建立灰色关联度模型

应用灰色关联度模型，依次建立八大经济区域地区生产总值、第一产业增加值、第二产业增加值、第三产业增加值的灰色关联度模型，其中地区生产总值为系统行为序列，各次产业增加值为相关因素行为序列。应用 dgi. m 程序计算结果如表 5 –5 所示。

表 5 – 5　八大经济区域地区生产总值与各次产业增加值关联度

地区	第一产业增加值与地区生产总值关联度	第二产业增加值与地区生产总值关联度	第二产业增加值与地区生产总值关联度
东北地区	0.854	0.654	0.606
北部沿海地区	0.655	0.678	0.634
东部沿海地区	0.668	0.677	0.646
南部沿海地区	0.677	0.702	0.654
黄河中游地区	0.786	0.720	0.599
长江中游地区	0.643	0.785	0.651
西南地区	0.746	0.715	0.625
大西北地区	0.814	0.656	0.583

三、结果分析

从表 5 – 5 可知，东北地区、黄河中游地区、西南地区、大西北地区第一产业增加值与地区生产总值关联度最高，表明这些地区第一产业仍具有重要地位；北部沿海地区、东部沿海地区、南部沿海地区、长江中游地区的第二产业增加值与地区生产总值关联度最高，表明第二产业在区域地区生产总值中具有重要地位。在八大经济区域中，第一产业与地区生产总值关联度最大的区域是东北地区，第二产业增加值与地区生产总值关联度最大的是长江中游地区，第三产业增加值与地区生产总值关联度最大的是南部沿海，表明各区域各次产业重要性与发展水平。

第二节　地区生产总值与创新能力关联分析

一、背景与数据

国内外学者（Trajtenberg，1990；Moreno et al.，2005；Chi & Qian，2010）大多采用专利量来表示和评价创新能力。许多学者认为专利量是衡量区域创新能力的有效指标（Griliches，1990）。Acs等（2002）对专利数和美国技术创新数据库提供的创新产出数据进行实证研究，认为用专利数据衡量区域的创新能力具有可靠性。岳书敬（2008）论述了将专利申请量作为创新产出衡量指标的合理性。相关性分析显示专利与创新之间关联性较强（Feldman & Florida，1994），专利申请量的区域分布能够较好地反映区域创新能力的分布状况（张玉明和李凯，2007）。各省、自治区、直辖市 2011 ~ 2018 年国内专利申请受理量（包括发明专利、实用新型专利、外观设计专利 3 种）如表 5 – 6 所示，国内专利申请授权量（包括发明专利、实用新型专利、外观设计专利 3 种）如表 5 – 7 所示，国内发明专利申请授权量如表 5 – 8 所示。

表 5 – 6　各省、自治区、直辖市 2011 ~ 2018 年专利申请受理量　单位：项

地区	2011 年	2012 年	2013 年	2014 年	2015 年	2016 年	2017 年	2018 年
北京市	77955	92305	123336	138111	156312	189129	185928	211212
天津市	38489	41009	60915	63422	79963	106514	86996	99038

续表

地区	2011 年	2012 年	2013 年	2014 年	2015 年	2016 年	2017 年	2018 年
河北省	17595	23241	27619	30000	44060	54838	61288	83785
山西省	12769	16786	18859	15687	14948	20031	20697	27106
内蒙古自治区	3841	4732	6388	6359	8876	10672	11701	16426
辽宁省	37102	41152	45996	37860	42153	52603	49871	65686
吉林省	8196	9171	10751	11933	14800	18922	20450	27034
黑龙江省	23432	30610	32264	31856	34611	35293	30958	34582
上海市	80215	82682	86450	81664	100006	119937	131740	150233
江苏省	348381	472656	504500	421907	428337	512429	514402	600306
浙江省	177066	249373	294014	261435	307264	393147	377115	455590
安徽省	48556	74888	93353	99160	127709	172552	175872	207428
福建省	32325	42773	53701	58075	83146	130376	128079	166610
江西省	9673	12458	16938	25594	36936	60494	70591	86001
山东省	109599	128614	155170	158619	193220	212911	204859	231585
河南省	34076	43442	55920	62434	74373	94669	119240	154381
湖北省	42510	51316	50816	59050	74240	95157	110234	124535
湖南省	29516	35709	41336	44194	54501	67779	77934	94503
广东省	196272	229514	264265	278358	355939	505667	627834	793819
广西壮族自治区	8106	13610	23251	32298	43696	59239	56988	44224
海南省	1489	1824	2359	2416	3127	3658	4564	6451
重庆市	32039	38924	49036	55298	82791	59518	64648	72121
四川省	49734	66312	82453	91167	110746	142522	167484	152987
贵州省	8351	11296	17405	22467	18295	25315	34610	44508
云南省	7150	9260	11512	13343	17603	23709	28695	36515
西藏自治区	263	170	203	248	309	712	1097	1469
陕西省	32227	43608	57287	56235	74904	69611	98935	76512
甘肃省	5287	8261	10976	12020	14584	20276	24448	27882

续表

地区	2011 年	2012 年	2013 年	2014 年	2015 年	2016 年	2017 年	2018 年
青海省	732	844	1099	1534	2590	3284	3181	4439
宁夏回族自治区	1079	1985	3230	3532	4394	6149	8575	9860
新疆维吾尔自治区	4736	7044	8224	10210	12250	14105	14260	14647

资料来源：国家统计局《国家数据—地区数据》省、自治区、直辖市数据汇总，http：//data. stats. gov. cn/easyquery. htm？ cn = C02，包括发明专利、实用新型专利、外观设计专利 3 种。

表 5－7　各省、自治区、直辖市 2011～2018 年专利申请授权量　单位：项

地区	2011 年	2012 年	2013 年	2014 年	2015 年	2016 年	2017 年	2018 年
北京市	40888	50511	62671	74661	94031	100578	106948	123496
天津市	13982	19782	24856	26351	37342	39734	41675	54680
河北省	11119	15315	18186	20132	30130	31826	35348	51894
山西省	4974	7196	8565	8371	10020	10062	11311	15060
内蒙古自治区	2262	3084	3836	4031	5522	5846	6271	9625
辽宁省	19176	21223	21656	19525	25182	25104	26495	35149
吉林省	4920	5930	6219	6696	8878	9995	11090	13885
黑龙江省	12236	20268	19819	15412	18943	18046	18221	19435
上海市	47960	51508	48680	50488	60623	64230	72806	92460
江苏省	199814	269944	239645	200032	250290	231033	227187	306996
浙江省	130190	188463	202350	188544	234983	221456	213805	284621
安徽省	32681	43321	48849	48380	59039	60983	58213	79747
福建省	21857	30497	37511	37857	61621	67142	68304	102622
江西省	5550	7985	9970	13831	24161	31472	33029	52819
山东省	58844	75496	76976	72818	98101	98093	100522	132382
河南省	19259	26791	29482	33366	47766	49145	55407	82318
湖北省	19035	24475	28760	28290	38781	41822	46369	64106

续表

地区	2011 年	2012 年	2013 年	2014 年	2015 年	2016 年	2017 年	2018 年
湖南省	16064	23212	24392	26637	34075	34050	37916	48957
广东省	128413	153598	170430	179953	241176	259032	332652	478082
广西壮族自治区	4402	5900	7884	9664	13573	14858	15270	20551
海南省	765	1093	1331	1597	2061	1939	2133	3292
重庆市	15525	20364	24828	24312	38914	42738	34780	45688
四川省	28446	42218	46171	47120	64953	62445	64006	87372
贵州省	3386	6059	7915	10107	14115	10425	12559	19456
云南省	4199	5853	6804	8124	11658	12032	14230	20340
西藏自治区	142	133	121	146	198	245	420	755
陕西省	11662	14908	20836	22820	33350	48455	34554	41479
甘肃省	2383	3662	4737	5097	6912	7975	9672	13958
青海省	538	527	502	619	1217	1357	1580	2668
宁夏回族自治区	613	844	1211	1424	1865	2677	4244	5658
新疆维吾尔自治区	2642	3439	4998	5238	8761	7116	8094	9658

资料来源：国家统计局《国家数据—地区数据》省、自治区、直辖市数据汇总，http：//data. stats. gov. cn/easyquery. htm？ cn = C02，包括发明专利、实用新型专利、外观设计专利 3 种。

表 5 – 8　　各省、自治区、直辖市 2011 ~ 2018 年发明专利申请授权量

单位：项

地区	2011 年	2012 年	2013 年	2014 年	2015 年	2016 年	2017 年	2018 年
北京市	15880	20140	20695	23237	35308	40602	46091	46978
天津市	2528	3326	3141	3279	4624	5185	5844	5626
河北省	1469	1933	2008	2286	3840	4247	4927	5126
山西省	1114	1297	1332	1559	2432	2411	2382	2284
内蒙古自治区	364	569	549	458	797	871	848	864

续表

地区	2011 年	2012 年	2013 年	2014 年	2015 年	2016 年	2017 年	2018 年
辽宁省	3164	3973	3830	3975	6569	6731	7708	7176
吉林省	1202	1583	1496	1434	2240	2428	3057	2868
黑龙江省	1953	2418	2238	2454	4024	4345	4947	4309
上海市	9160	11379	10644	11614	17601	20086	20681	21331
江苏省	11043	16242	16790	19671	36015	40952	41518	42019
浙江省	9135	11571	11139	13372	23345	26576	28742	32550
安徽省	2026	3066	4241	5184	11180	15292	12440	14846
福建省	1945	2977	2941	3426	5730	7170	8718	9858
江西省	679	892	923	1033	1639	1914	2238	2524
山东省	5856	7453	8913	10538	16881	19404	19090	20338
河南省	2462	3182	3173	3493	5384	6811	7914	8339
湖北省	3160	4050	4052	4855	7766	8517	10880	11393
湖南省	2606	3353	3613	4160	6776	6967	7909	8261
广东省	18242	22153	20084	22276	33477	38626	45740	53259
广西壮族自治区	634	902	1295	1933	4017	5159	4553	4330
海南省	272	396	449	380	417	383	373	489
重庆市	1865	2426	2360	2321	3964	5044	6138	6570
四川省	3270	4460	4566	5682	9105	10350	11367	11697
贵州省	596	635	776	1047	1501	2036	1875	2081
云南省	1006	1301	1312	1423	2079	2125	2259	2297
西藏自治区	27	57	44	50	40	33	42	73
陕西省	3139	4018	4133	4885	6812	7503	8774	8884
甘肃省	552	704	785	812	1238	1308	1340	1280
青海省	70	101	91	110	207	271	240	298
宁夏回族自治区	103	140	184	243	442	560	657	744
新疆维吾尔自治区	302	456	540	605	950	910	950	923

资料来源：国家统计局《国家数据—地区数据》省、自治区、直辖市数据汇总，http：//data. stats. gov. cn/easyquery. htm？ cn = C02。

但由于地区间经济发展水平与创新基础条件水平差异，各区域创新能力水平并不同步，在专利申请、专利授权上存在巨大差距，八大经济区域地区生产总值与国内专利申请受理量、国内专利申请授权量、国内发明专利申请授权量如表 5 －9 所示。

表 5 －9　　八大经济区域地区生产总值与国内专利量

地区		2011 年	2012 年	2013 年	2014 年	2015 年	2016 年	2017 年	2018 年
东北地区	地区生产总值（万亿元）	4. 538	5. 048	5. 471	5. 747	5. 782	5. 241	5. 426	5. 675
	专利申请受理量（项）	6. 873	8. 093	8. 901	8. 165	9. 156	10. 682	10. 128	12. 730
	专利申请授权量（项）	3. 633	4. 742	4. 769	4. 163	5. 300	5. 315	5. 581	6. 847
	发明专利申请授权量（项）	0. 632	0. 797	0. 756	0. 786	1. 283	1. 350	1. 571	1. 435
北部沿海地区	地区生产总值（万亿元）	9. 744	10. 736	11. 792	12. 591	13. 236	14. 365	15. 321	16. 161
	专利申请受理量（项）	24. 364	28. 517	36. 704	39. 015	47. 356	56. 339	53. 907	62. 562
	专利申请授权量（项）	12. 483	16. 110	18. 269	19. 396	25. 960	27. 023	28. 449	36. 245
	发明专利申请授权量（项）	2. 573	3. 285	3. 476	3. 934	6. 065	6. 944	7. 595	7. 807

续表

地区		2011 年	2012 年	2013 年	2014 年	2015 年	2016 年	2017 年	2018 年
东部沿海地区	地区生产总值（万亿元）	10. 062	10. 891	11. 933	12. 883	13. 813	15. 282	16. 827	18. 147
	专利申请受理量（项）	60. 566	80. 471	88. 496	76. 501	83. 561	102. 551	102. 326	120. 613
	专利申请授权量（项）	37. 796	50. 992	49. 068	43. 906	54. 590	51. 672	51. 380	68. 408
	发明专利申请授权量（项）	2. 934	3. 919	3. 857	4. 466	7. 696	8. 761	9. 094	9. 590
南部沿海地区	地区生产总值（万亿元）	7. 329	7. 963	8. 752	9. 537	10. 250	11. 372	12. 635	13. 791
	专利申请受理量（项）	23. 009	27. 411	32. 033	33. 885	44. 221	63. 970	76. 048	96. 688
	专利申请授权量（项）	15. 104	18. 519	20. 927	21. 941	30. 486	32. 811	40. 309	58. 400
	发明专利申请授权量（项）	2. 046	2. 553	2. 347	2. 608	3. 962	4. 618	5. 483	6. 361
黄河中游地区	地区生产总值（万亿元）	6. 504	7. 205	7. 798	8. 316	8. 562	9. 105	9. 808	10. 660
	专利申请受理量（项）	8. 291	10. 857	13. 845	14. 072	17. 310	19. 498	25. 057	27. 443
	专利申请授权量（项）	3. 816	5. 198	6. 272	6. 859	9. 666	11. 351	10. 754	14. 848
	发明专利申请授权量（项）	0. 708	0. 907	0. 919	1. 040	1. 543	1. 760	1. 992	2. 037

续表

地区		2011 年	2012 年	2013 年	2014 年	2015 年	2016 年	2017 年	2018 年
长江中游地区	地区生产总值（万亿元）	6.631	7.457	8.305	9.098	9.718	10.712	11.641	12.778
	专利申请受理量（项）	13.026	17.437	20.244	22.800	29.339	39.598	43.463	51.247
	专利申请授权量（项）	7.333	9.899	11.197	11.714	15.606	16.833	17.553	24.563
	发明专利申请授权量（项）	0.847	1.136	1.283	1.523	2.736	3.269	3.347	3.702
西南地区	地区生产总值（万亿元）	5.735	6.548	7.354	8.055	8.670	9.556	10.485	11.408
	专利申请受理量（项）	10.538	13.940	18.366	21.457	27.313	31.030	35.243	35.036
	专利申请授权量（项）	5.596	8.039	9.360	9.933	14.321	14.250	14.085	19.341
	发明专利申请授权量（项）	0.737	0.972	1.031	1.241	2.067	2.471	2.619	2.698
大西北地区	地区生产总值（万亿元）	1.601	1.809	2.029	2.209	2.247	2.374	2.572	2.849
	专利申请受理量（项）	1.210	1.830	2.373	2.754	3.413	4.453	5.156	5.830
	专利申请授权量（项）	0.632	0.861	1.157	1.252	1.895	1.937	2.401	3.270
	发明专利申请授权量（项）	0.105	0.146	0.164	0.182	0.288	0.308	0.323	0.332

资料来源：根据各省、自治区、直辖市地区生产总值与各次产业增加值数据汇总。

二、建立灰色关联度模型

应用灰色关联度模型，依次建立八大经济区域地区生产总值、国内专利申请受理量、国内专利申请授权量、国内发明专利申请授权量的灰色关联度模型，其中地区生产总值为系统行为序列，国内专利申请受理量、国内专利申请授权量、国内发明专利申请授权量为相关因素行为序列。应用 dgi. m 程序计算结果如表 5 – 10 所示。

表 5 – 10　八大经济区域地区生产总值与国内专利量关联度

地区	国内专利申请受理量与地区生产总值关联度	国内专利申请授权量与地区生产总值关联度	国内发明专利申请授权量与地区生产总值关联度
东北地区	0. 808	0. 766	0. 672
北部沿海地区	0. 655	0. 635	0. 601
东部沿海地区	0. 878	0. 862	0. 590
南部沿海地区	0. 697	0. 732	0. 769
黄河中游地区	0. 656	0. 614	0. 707
长江中游地区	0. 663	0. 739	0. 608
西南地区	0. 582	0. 626	0. 610
大西北地区	0. 614	0. 646	0. 716

三、结果分析

从关联度分析结果表 5 – 10 可知，东北地区、北部沿海地区、东部沿海地区的国内专利申请受理量与地区生产总值关联度最高，长江中游地区、西南地区的国内专利申请授权量与地区生产总值关联度最高，南部沿海地区、黄河中游地区、大西北地区的国内发明专利申请授权量与地区生产总值关联度最高。国内专利申请受理量与地区生产总值关联度最高的地区是东部沿海地区，国内专利申请授权量与地区生产总值关联度最高的地区是东部沿海地区，国内发明专利申请授权量与地区生产总值关联度最高的地区是南部沿海地区；国内专利申请受理量与地区生产总值关联度最低的地区是西南地区，国内专利申请授权量与地区生产总值关联度最低的地区是黄河中游地区，国内发明专利申请授权量与地区生产总值关联度最低的地区是东部沿海地区。

第三节　地区生产总值与能源消费关联分析

一、背景与数据

自 1949 年以来，随着我国能源科技创新能力不断提升，能源技术装备突飞猛进发展，自动化、智能化、数字化推动能源系统不断优化，能效水平得到显著提升，2018 年单位国内生产总值能耗比 1953 年降低 43.1%，年均下降 0.9%。从单位国内生产总值能耗指标值（国内生产总值按 2018 年价格计算）来看，由 1953 年的 0.91 吨标准煤/万元逐步上升到 1960 年最高的 2.84 吨标准煤/万元后逐步下降，70 年代开始又逐步上升后，基本呈现稳步下降态势，2018 年下降到最低的 0.52 吨标准煤/万元；从单位国内生产总值能耗降低率来看，在改革开放之前波动较大，多数年份为上升，改革开放之后基本保持下降态势（国家统计局，2019）。八大经济区域地区生产总值如表 4 -2 所示，能源消费重要代表性指标电力消费量如表 4 -14 所示，地区生产总值与电力消费量汇总数据如表 5 -11 所示。

表 5 -11　　八大经济区域地区生产总值与电力消费量

单位：万亿元/万亿千瓦时

地区		2011 年	2012 年	2013 年	2014 年	2015 年	2016 年	2017 年	2018 年
东北地区	地区生产总值（万亿元）	4.538	5.048	5.471	5.747	5.782	5.241	5.426	5.675
	电力消费量（万亿千瓦时）	0.329	0.336	0.351	0.357	0.351	0.360	0.377	0.403
北部沿海地区	地区生产总值（万亿元）	9.744	10.736	11.792	12.591	13.236	14.365	15.321	16.161
	电力消费量（万亿千瓦时）	0.814	0.847	0.902	0.927	1.005	1.048	1.074	1.159
东部沿海地区	地区生产总值（万亿元）	10.062	10.891	11.933	12.883	13.813	15.282	16.827	18.147
	电力消费量（万亿千瓦时）	0.874	0.914	0.982	0.989	1.007	1.082	1.153	1.223
南部沿海地区	地区生产总值（万亿元）	7.329	7.963	8.752	9.537	10.250	11.372	12.635	13.791
	电力消费量（万亿千瓦时）	0.610	0.641	0.676	0.734	0.743	0.787	0.838	0.896

续表

地区		2011 年	2012 年	2013 年	2014 年	2015 年	2016 年	2017 年	2018 年
黄河中游地区	地区生产总值（万亿元）	6.504	7.205	7.798	8.316	8.562	9.105	9.808	10.660
	电力消费量（万亿千瓦时）	0.716	0.760	0.807	0.838	0.838	0.875	0.954	1.053
长江中游地区	地区生产总值（万亿元）	6.631	7.457	8.305	9.098	9.718	10.712	11.641	12.778
	电力消费量（万亿千瓦时）	0.480	0.508	0.553	0.569	0.584	0.624	0.667	0.738
西南地区	地区生产总值（万亿元）	5.735	6.548	7.354	8.055	8.670	9.556	10.485	11.408
	电力消费量（万亿千瓦时）	0.573	0.607	0.659	0.689	0.681	0.704	0.757	0.844
大西北地区	地区生产总值（万亿元）	1.601	1.809	2.029	2.209	2.247	2.374	2.572	2.849
	电力消费量（万亿千瓦时）	0.307	0.352	0.413	0.460	0.484	0.496	0.543	0.530

资料来源：根据各省、自治区、直辖市地区生产总值与各电力消费量数据汇总。

二、建立灰色关联度模型

应用灰色关联度模型，依次建立八大经济区域地区生产总值与电力消费量的灰色关联度模型，其中地区生产总值为系统行为序列，电力消费量为相关因素行为序列。应用 dgi. m 程序计算结果如表 5 – 12 所示。

表 5－12　八大经济区域地区生产总值与电力消费量关联度

东北地区	北部沿海地区	东部沿海地区	南部沿海地区	黄河中游地区	长江中游地区	西南地区	大西北地区
0.596	0.534	0.598	0.614	0.645	0.552	0.558	0.694

三、结果分析

从关联度分析结果表 5－12 可知，大西北地区与黄河中游地区的地区生产总值与电力消费量关联度最高，其次是南部沿海地区与东部沿海地区，北部沿海地区与长江中游地区的地区生产总值与电力消费量关联度较小。

第四节　本章小结

本章应用灰色关联度模型，分析了我国八大经济区域地区生产总值与各次产业增加值、创新能力、能源消费量的关联度，为地区经济增长及影响因素提供了新的分析视角。

第六章

区域经济系统综合评价

第一节　综合经济竞争力评价

一、背景与数据

自1949年以来，我国经济社会发生了翻天覆地的历史性变化，主要经济社会指标占世界的比重大幅提高，居世界的位次不断前移，国际地位与国际影响力显著提升（国家统计局，2019）。国家战略高度重视区域协调发展，全国基本形成了东部率先、西部大开发、中部崛起、东北振兴的竞相发展的良好局面。

区域经济竞争力本质上是为区域内进行资源优化配置的能力，战略目标是促进区域经济的高效运行与持续高速发展。参考倪鹏飞（2019）、李闽榕（2006，2009）、宁越敏（2001）、周宏山（2003）、严于龙（1998）等学者提出的区域竞争力指标体系，考虑统计数据的易获得性，构建本研究指标体系如表6－1所示，包括3个一级指标和6个二级指标。

表6－1　　区域综合经济竞争力评价指标体系

一级指标	二级指标	单位	权重
规模指数（0.60）	地区生产总值	万亿元	0.40
	地方一般预算财政收入	万亿元	0.20
效率指数（0.25）	人均地区生产总值	万元/人	0.15
	城镇化率	%	0.10
国际吸引指数（0.15）	外贸进出口总额	百亿美元	0.10
	国际旅游收入	亿美元	0.05
合计			1.00

各省、自治区、直辖市地区生产总值如表4－1所示，地方一般预算财政收入如表6－2所示，常住人口如表4－5所示，城镇常住人口如表6－3所示，外贸进出口总额如表6－4所示，国际旅游收入如表6－5所示。

表6－2　　各省、自治区、直辖市2011～2018年一般预算财政收入

单位：亿元

地区	2011年	2012年	2013年	2014年	2015年	2016年	2017年	2018年
北京市	3006.28	3314.93	3661.11	4027.16	4723.86	5081.26	5430.79	5785.92
天津市	1455.13	1760.02	2079.07	2390.35	2667.11	2723.50	2310.36	2106.19
河北省	1737.77	2084.28	2295.62	2446.62	2649.18	2849.87	3233.83	3513.70
山西省	1213.43	1516.38	1701.62	1820.64	1642.35	1557.00	1867.00	2292.60

续表

地区	2011 年	2012 年	2013 年	2014 年	2015 年	2016 年	2017 年	2018 年
内蒙古自治区	1356. 67	1552. 75	1720. 98	1843. 67	1964. 48	2016. 43	1703. 21	1857. 54
辽宁省	2643. 15	3105. 38	3343. 81	3192. 78	2127. 39	2200. 49	2392. 77	2615. 96
吉林省	850. 10	1041. 25	1156. 96	1203. 38	1229. 35	1263. 78	1210. 91	1240. 84
黑龙江省	997. 55	1163. 17	1277. 40	1301. 31	1165. 88	1148. 41	1243. 31	1282. 52
上海市	3429. 83	3743. 71	4109. 51	4585. 55	5519. 50	6406. 13	6642. 26	7108. 15
江苏省	5148. 91	5860. 69	6568. 46	7233. 14	8028. 59	8121. 23	8171. 53	8630. 16
浙江省	3150. 80	3441. 23	3796. 92	4122. 02	4809. 94	5301. 98	5804. 38	6598. 08
安徽省	1463. 56	1792. 72	2075. 08	2218. 44	2454. 30	2672. 79	2812. 45	3048. 58
福建省	1501. 51	1776. 17	2119. 45	2362. 21	2544. 24	2654. 83	2809. 03	3007. 36
江西省	1053. 43	1371. 99	1621. 24	1881. 83	2165. 74	2151. 47	2247. 06	2372. 33
山东省	3455. 93	4059. 43	4559. 95	5026. 83	5529. 33	5860. 18	6098. 63	6485. 38
河南省	1721. 76	2040. 33	2415. 45	2739. 26	3016. 05	3153. 47	3407. 22	3763. 94
湖北省	1526. 91	1823. 05	2191. 22	2566. 90	3005. 53	3102. 06	3248. 32	3307. 03
湖南省	1517. 07	1782. 16	2030. 88	2262. 79	2515. 43	2697. 88	2757. 82	2860. 68
广东省	5514. 84	6229. 18	7081. 47	8065. 08	9366. 78	10390. 35	11320. 35	12102. 90
广西壮族自治区	947. 72	1166. 06	1317. 60	1422. 28	1515. 16	1556. 27	1615. 13	1681. 48
海南省	340. 12	409. 44	481. 01	555. 31	627. 70	637. 51	674. 11	752. 66
重庆市	1488. 33	1703. 49	1693. 24	1922. 02	2154. 83	2227. 91	2252. 38	2265. 52
四川省	2044. 79	2421. 27	2784. 10	3061. 07	3355. 44	3388. 85	3577. 99	3910. 90
贵州省	773. 08	1014. 05	1206. 41	1366. 67	1503. 38	1561. 34	1613. 84	1726. 80
云南省	1111. 16	1338. 15	1611. 30	1698. 06	1808. 10	1812. 29	1886. 17	1994. 31
西藏自治区	54. 76	86. 58	95. 02	124. 27	137. 13	155. 99	185. 83	230. 29
陕西省	1500. 18	1600. 69	1748. 33	1890. 40	2059. 95	1833. 99	2006. 69	2243. 11
甘肃省	450. 12	520. 40	607. 27	672. 67	743. 86	786. 97	815. 73	870. 80

续表

地区	2011 年	2012 年	2013 年	2014 年	2015 年	2016 年	2017 年	2018 年
青海省	151.81	186.42	223.86	251.68	267.13	238.51	246.2	272.87
宁夏回族自治区	219.98	263.96	308.34	339.86	373.40	387.66	417.59	444.43
新疆维吾尔自治区	720.43	908.97	1128.49	1282.34	1330.90	1298.95	1466.52	1531.46

资料来源：国家统计局《国家数据—地区数据》省、自治区、直辖市数据汇总，http：//data. stats. gov. cn/easyquery. htm？ cn = C02。

表 6－3　各省、自治区、直辖市 2011～2018 年城镇常住人口 单位：万人

地区	2011 年	2012 年	2013 年	2014 年	2015 年	2016 年	2017 年	2018 年
北京市	2019	2069	2115	2152	2171	2173	2171	2154
天津市	1355	1413	1472	1517	1547	1562	1557	1560
河北省	7241	7288	7333	7384	7425	7470	7520	7556
山西省	3593	3611	3630	3648	3664	3682	3702	3718
内蒙古自治区	2482	2490	2498	2505	2511	2520	2529	2534
辽宁省	4383	4389	4390	4391	4382	4378	4369	4359
吉林省	2749	2750	2751	2752	2753	2733	2717	2704
黑龙江省	3834	3834	3835	3833	3812	3799	3789	3773
上海市	2347	2380	2415	2426	2415	2420	2418	2424
江苏省	7899	7920	7939	7960	7976	7999	8029	8051
浙江省	5463	5477	5498	5508	5539	5590	5657	5737
安徽省	5968	5988	6030	6083	6144	6196	6255	6324
福建省	3720	3748	3774	3806	3839	3874	3911	3941
江西省	4488	4504	4522	4542	4566	4592	4622	4648
山东省	9637	9685	9733	9789	9847	9947	10006	10047
河南省	9388	9406	9413	9436	9480	9532	9559	9605

续表

地区	2011 年	2012 年	2013 年	2014 年	2015 年	2016 年	2017 年	2018 年
湖北省	5758	5779	5799	5816	5852	5885	5902	5917
湖南省	6596	6639	6691	6737	6783	6822	6860	6899
广东省	10505	10594	10644	10724	10849	10999	11169	11346
广西壮族自治区	4645	4682	4719	4754	4796	4838	4885	4926
海南省	877	887	895	903	911	917	926	934
重庆市	2919	2945	2970	2991	3017	3048	3075	3102
四川省	8050	8076	8107	8140	8204	8262	8302	8341
贵州省	3469	3484	3502	3508	3530	3555	3580	3600
云南省	4631	4659	4687	4714	4742	4771	4801	4830
西藏自治区	303	308	312	318	324	331	337	344
陕西省	3743	3753	3764	3775	3793	3813	3835	3864
甘肃省	2564	2578	2582	2591	2600	2610	2626	2637
青海省	568	573	578	583	588	593	598	603
宁夏回族自治区	639	647	654	662	668	675	682	688
新疆维吾尔自治区	2209	2233	2264	2298	2360	2398	2445	2487

资料来源：2011～2017 年数据来自国家统计局《国家数据—地区数据》省、自治区、直辖市数据汇总，http：//data. stats. gov. cn/easyquery. htm？ cn = C02；2018 年数据来自各省、自治区、直辖市 2018 年统计公报。

表 6－4　各省、自治区、直辖市 2011～2018 年外贸进出口总额

单位：亿美元

地区	2011 年	2012 年	2013 年	2014 年	2015 年	2016 年	2017 年	2018 年
北京市	3895. 60	4081. 10	4290. 00	4155. 20	3194. 40	2823. 50	3240. 20	4124. 00
天津市	1033. 80	1156. 30	1285. 00	1338. 90	1142. 80	1026. 60	1129. 20	1225. 40
河北省	536. 01	505. 63	549. 12	598. 77	515. 14	466. 75	498. 56	538. 78
山西省	147. 43	150. 43	157. 91	162. 33	146. 81	166. 61	171. 87	207. 75

续表

地区	2011 年	2012 年	2013 年	2014 年	2015 年	2016 年	2017 年	2018 年
内蒙古自治区	119.31	112.59	119.95	145.56	127.31	116.40	138.74	156.87
辽宁省	960.36	1040.90	1144.80	1140.00	959.47	865.57	995.95	1144.30
吉林省	220.61	245.63	258.32	263.81	188.77	184.53	185.43	206.74
黑龙江省	385.23	375.90	388.79	389.01	210.12	165.39	189.51	264.11
上海市	4375.50	4365.90	4412.70	4664.00	4492.40	4337.70	4762.00	5156.40
江苏省	5395.80	5479.60	5508.00	5635.50	5455.60	5093.00	5907.80	6640.40
浙江省	3093.80	3124.00	3357.90	3550.40	3467.80	3365.80	3779.10	4324.80
安徽省	313.09	392.85	455.19	491.77	478.45	444.13	540.22	629.74
福建省	1435.20	1559.40	1693.20	1774.10	1688.50	1568.30	1710.20	1875.40
江西省	314.69	334.14	367.47	427.31	424.00	400.28	443.39	482.36
山东省	2358.90	2455.40	2665.30	2769.30	2406.10	2343.60	2645.50	2923.90
河南省	326.23	517.39	599.57	649.72	737.81	712.13	776.30	828.30
湖北省	335.87	319.64	363.80	430.40	455.53	393.89	463.37	528.02
湖南省	189.44	219.49	251.75	308.32	293.02	262.43	360.33	465.30
广东省	9134.70	9840.20	10916.00	10766.00	10225.00	9553.00	10067.00	10847.00
广西壮族自治区	233.56	294.84	328.27	405.49	510.91	476.27	578.79	623.38
海南省	127.56	143.22	149.85	158.63	139.67	113.48	103.74	127.45
重庆市	292.08	532.04	686.92	954.32	744.67	627.54	666.01	790.40
四川省	477.24	591.44	645.75	702.03	511.89	493.06	681.06	899.37
贵州省	48.88	66.32	82.90	107.71	122.21	57.00	81.62	76.01
云南省	160.29	210.14	253.04	296.07	244.91	199.02	234.51	298.95
西藏自治区	13.58	34.24	33.19	22.55	9.14	7.82	8.64	7.23
陕西省	146.47	147.99	201.28	273.64	304.99	299.47	402.03	533.15
甘肃省	87.29	89.01	102.36	86.41	79.52	68.33	48.26	60.01
青海省	9.24	11.58	14.03	17.18	19.35	15.29	6.56	6.96
宁夏回族自治区	22.86	22.17	32.18	54.35	37.39	32.53	50.40	37.81
新疆维吾尔自治区	228.20	251.70	275.61	276.72	196.69	176.38	205.69	200.10

资料来源：国家统计局《国家数据—地区数据》省、自治区、直辖市数据汇总，http://data.stats.gov.cn/easyquery.htm? cn = C02。

表 6－5　各省、自治区、直辖市 2011～2017 年国际旅游收入

单位：百万美元

地区	2011 年	2012 年	2013 年	2014 年	2015 年	2016 年	2017 年
北京市	5416	5149	4794.68	4608	4605	5070	5129.81
天津市	1755.53	2226.41	2591.28	2992.1	3298.11	3556.87	3751.47
河北省	447.65	544.94	585.78	534.19	501.91	552.41	578.69
山西省	567.19	720.24	822.68	280.73	297.1	317.38	350.14
内蒙古自治区	670.97	771.96	962.29	1002.96	962.49	1139.03	1245.56
辽宁省	2713.14	3263.69	3477.14	1618	1636.5	1823.92	1778.06
吉林省	385.28	494.77	552.37	583.9	724.14	791.21	765.79
黑龙江省	917.62	835.48	604.36	563.56	395.33	458.05	479.58
上海市	5751.18	5493.23	5244.7	5601.85	5860.44	6419.2	6698.65
江苏省	5652.97	6299.72	2379.89	3032.71	3527.29	3803.62	4194.72
浙江省	4541.73	5151.74	5392.93	5753.48	6788.47	3127.59	3586.44
安徽省	1179.18	1562.67	1660.42	1840.26	2262.87	2542.36	2880.78
福建省	3634.44	4225.67	4573.38	4911.8	5561.4	6625.69	7588.03
江西省	415	484.73	525.08	556.87	567	584.54	629.92
山东省	2550.76	2923.65	2731.2	2330.1	2896.48	3063.42	3174.04
河南省	549.03	611.41	659.98	538.37	623.6	646.5	661.55
湖北省	940.18	1202.97	1218.92	1238.51	1671.9	1872.39	2104.74
湖南省	1014.34	928.36	822.69	799.99	857.72	1004.57	1295.37
广东省	13906.19	15610.67	16278.07	17106.36	17884.66	18577.13	19960.4
广西壮族自治区	1051.88	1278.87	1547.3	1572.07	1916.86	2164.27	2395.63
海南省	376.15	348.02	337.48	268.63	248.52	349.89	681.02
重庆市	968.06	1168.32	1268.31	1354.44	1468.57	1686.82	1947.59
四川省	593.83	798.15	764.76	857.68	1180.87	1581.68	1446.54
贵州省	135.07	168.94	201.43	188.8	231.33	252.71	283.27
云南省	1608.61	1947.08	2418.18	2420.65	2875.5	3074.77	3550.33

续表

地区	2011 年	2012 年	2013 年	2014 年	2015 年	2016 年	2017 年
西藏自治区	129.63	105.70	127.86	144.69	176.66	194.39	197.51
陕西省	1295.05	1597.47	1676.19	1768.73	2000.22	2338.55	2704.40
甘肃省	17.40	22.35	20.39	10.17	14.18	19.14	20.86
青海省	26.59	24.32	19.42	24.74	38.76	44.16	38.29
宁夏回族自治区	6.20	5.45	12.08	18.48	20.84	40.58	37.63
新疆维吾尔自治区	465.19	550.57	585.02	497.04	555.89	518.73	810.81

资料来源：国家统计局《国家数据—地区数据》省、自治区、直辖市数据汇总，http：//data. stats. gov. cn/easyquery. htm？ cn = C02。

八大经济区域地区生产总值如表 4 -2 所示，地方一般预算财政收入如表 6 -6 所示，常住人口如表 4 -6 所示，城镇常住人口如表 6 -7 所示，外贸进出口总额如表 6 -8 所示，国际旅游收入如表 6 -9 所示。

表 6 -6　　八大经济区域 2011 ~2018 年一般预算财政收入 单位：万亿元

序列	经济区域名称	2011 年	2012 年	2013 年	2014 年	2015 年	2016 年	2017 年	2018 年
X_1	东北地区	0.449	0.531	0.578	0.570	0.452	0.461	0.485	0.514
X_2	北部沿海地区	0.966	1.122	1.260	1.389	1.557	1.651	1.707	1.789
X_3	东部沿海地区	1.173	1.305	1.447	1.594	1.836	1.983	2.062	2.234
X_4	南部沿海地区	0.736	0.841	0.968	1.098	1.254	1.368	1.480	1.586
X_5	黄河中游地区	0.579	0.671	0.759	0.829	0.868	0.856	0.898	1.016
X_6	长江中游地区	0.556	0.677	0.792	0.893	1.014	1.062	1.107	1.159
X_7	西南地区	0.637	0.764	0.861	0.947	1.034	1.055	1.095	1.158
X_8	大西北地区	0.160	0.197	0.236	0.267	0.285	0.287	0.313	0.335

资料来源：根据各省、自治区、直辖市一般预算财政收入数据汇总。

表 6－7　　八大经济区域 2011～2018 年城镇常住人口　　单位：亿人

序列	经济区域名称	2011 年	2012 年	2013 年	2014 年	2015 年	2016 年	2017 年	2018 年
X_1	东北地区	0.644	0.654	0.661	0.668	0.672	0.673	0.674	0.679
X_2	北部沿海地区	1.104	1.143	1.179	1.213	1.258	1.303	1.337	1.357
X_3	东部沿海地区	1.039	1.058	1.077	1.094	1.107	1.129	1.149	1.168
X_4	南部沿海地区	0.959	0.983	0.998	1.013	1.036	1.060	1.087	1.117
X_5	黄河中游地区	0.877	0.916	0.943	0.970	1.002	1.035	1.066	1.097
X_6	长江中游地区	1.068	1.111	1.147	1.183	1.224	1.268	1.312	1.349
X_7	西南地区	0.983	1.033	1.071	1.111	1.155	1.202	1.248	1.282
X_8	大西北地区	0.257	0.265	0.274	0.287	0.299	0.311	0.324	0.336

资料来源：根据各省、自治区、直辖市城镇常住人口数据汇总。

表 6－8　　八大经济区域 2011～2018 年外贸进出口总额　单位：百亿美元

序列	经济区域名称	2011 年	2012 年	2013 年	2014 年	2015 年	2016 年	2017 年	2018 年
X_1	东北地区	15.662	16.624	17.919	17.928	13.584	12.155	13.709	16.151
X_2	北部沿海地区	78.242	81.985	87.894	88.621	72.584	66.604	75.134	88.121
X_3	东部沿海地区	128.651	129.695	132.786	138.499	134.158	127.964	144.488	161.216
X_4	南部沿海地区	106.975	115.428	127.589	126.985	120.531	112.347	118.807	128.499
X_5	黄河中游地区	7.394	9.284	10.787	12.313	13.169	12.946	14.889	17.261
X_6	长江中游地区	11.531	12.661	14.382	16.578	16.510	15.007	18.073	21.054
X_7	西南地区	12.120	16.948	19.969	24.656	21.346	18.529	22.420	26.881
X_8	大西北地区	3.612	4.087	4.574	4.572	3.421	3.003	3.195	3.121

资料来源：根据各省、自治区、直辖市外贸进出口总额数据汇总。

表 6-9　　八大经济区域 2011～2018 年国际旅游收入　　单位：亿美元

序列	经济区域名称	2011 年	2012 年	2013 年	2014 年	2015 年	2016 年	2017 年
X_1	东北地区	40.16	45.94	46.34	27.65	27.56	30.73	30.23
X_2	北部沿海地区	101.70	108.44	107.03	104.64	113.02	122.43	126.34
X_3	东部沿海地区	159.46	169.45	130.18	143.88	161.76	133.50	144.80
X_4	南部沿海地区	179.17	201.84	211.89	222.87	236.95	255.53	282.29
X_5	黄河中游地区	30.82	37.01	41.21	35.91	38.83	44.41	49.62
X_6	长江中游地区	35.49	41.79	42.27	44.36	53.59	60.04	69.11
X_7	西南地区	43.57	53.61	62.00	63.94	76.73	87.60	96.23
X_8	大西北地区	6.45	7.08	7.65	6.95	8.06	8.17	11.05

资料来源：根据各省、自治区、直辖市国际旅游收入数据汇总。

对照区域综合经济竞争力评价指标体系，将各省、自治区、直辖市数据汇总为八大经济区域数据，数据汇总表如表 6-10 所示。

表 6-10　　八大经济区域 2011～2018 年综合经济竞争力指标数据

区域	指标	2011 年	2012 年	2013 年	2014 年	2015 年	2016 年	2017 年	2018 年
东北地区	地区生产总值（万亿元）	4.538	5.048	5.471	5.747	5.782	5.241	5.426	5.675
	一般预算财政收入（万亿元）	0.449	0.531	0.578	0.570	0.452	0.461	0.485	0.514
	人均地区生产总值（万元/人）	4.138	4.600	4.985	5.236	5.281	4.804	4.989	5.237
	城镇化率（%）	58.74	59.60	60.21	60.83	61.35	61.67	61.96	62.68
	外贸进出口总值（百亿美元）	15.662	16.624	17.919	17.928	13.584	12.155	13.709	16.151
	国际旅游收入（亿美元）	40.16	45.94	46.34	27.65	27.56	30.73	30.23	—

续表

区域	指标	2011 年	2012 年	2013 年	2014 年	2015 年	2016 年	2017 年	2018 年
北部沿海地区	地区生产总值（万亿元）	9.744	10.736	11.792	12.591	13.236	14.365	15.321	16.161
	一般预算财政收入（万亿元）	0.966	1.122	1.260	1.389	1.557	1.651	1.707	1.789
	人均地区生产总值（万元/人）	4.811	5.249	5.709	6.041	6.306	6.791	7.209	7.581
	城镇化率（%）	54.52	55.85	57.10	58.21	59.93	61.60	62.89	63.66
	外贸进出口总值（百亿美元）	78.242	81.985	87.894	88.621	72.584	66.604	75.134	88.121
	国际旅游收入（亿美元）	101.70	108.44	107.03	104.64	113.02	122.43	126.34	—
东部沿海地区	地区生产总值（万亿元）	10.062	10.891	11.933	12.883	13.813	15.282	16.827	18.147
	一般预算财政收入（万亿元）	1.173	1.305	1.447	1.594	1.836	1.983	2.062	2.234
	人均地区生产总值（万元/人）	6.406	6.903	7.528	8.106	8.671	9.546	10.449	11.194
	城镇化率（%）	66.13	67.04	67.96	68.81	69.47	70.52	71.34	72.03
	外贸进出口总值（百亿美元）	128.651	129.695	132.786	138.499	134.158	127.964	144.488	161.216
	国际旅游收入（亿美元）	159.46	169.45	130.18	143.88	161.76	133.50	144.80	—

续表

区域	指标	2011 年	2012 年	2013 年	2014 年	2015 年	2016 年	2017 年	2018 年
南部沿海地区	地区生产总值（万亿元）	7. 329	7. 963	8. 752	9. 537	10. 250	11. 372	12. 635	13. 791
	一般预算财政收入（万亿元）	0. 736	0. 841	0. 968	1. 098	1. 254	1. 368	1. 480	1. 586
	人均地区生产总值（万元/人）	4. 853	5. 229	5. 715	6. 179	6. 571	7. 202	7. 894	8. 502
	城镇化率（%）	63. 50	64. 55	65. 15	65. 64	66. 41	67. 11	67. 93	68. 84
	外贸进出口总值（百亿美元）	106. 975	115. 428	127. 589	126. 985	120. 531	112. 347	118. 807	128. 499
	国际旅游收入（亿美元）	179. 17	201. 84	211. 89	222. 87	236. 95	255. 53	282. 29	—
黄河中游地区	地区生产总值（万亿元）	6. 504	7. 205	7. 798	8. 316	8. 562	9. 105	9. 808	10. 660
	一般预算财政收入（万亿元）	0. 579	0. 671	0. 759	0. 829	0. 868	0. 856	0. 898	1. 016
	人均地区生产总值（万元/人）	3. 386	3. 741	4. 039	4. 295	4. 403	4. 658	4. 998	5. 405
	城镇化率（%）	45. 66	47. 54	48. 84	50. 11	51. 50	52. 92	54. 34	55. 65
	外贸进出口总值（百亿美元）	7. 394	9. 284	10. 787	12. 313	13. 169	12. 946	14. 889	17. 261
	国际旅游收入（亿美元）	30. 82	37. 01	41. 21	35. 91	38. 83	44. 41	49. 62	—

续表

区域	指标	2011 年	2012 年	2013 年	2014 年	2015 年	2016 年	2017 年	2018 年
长江中游地区	地区生产总值（万亿元）	6. 631	7. 457	8. 305	9. 098	9. 718	10. 712	11. 641	12. 778
	一般预算财政收入（万亿元）	0. 556	0. 677	0. 792	0. 893	1. 014	1. 062	1. 107	1. 159
	人均地区生产总值（万元/人）	2. 907	3. 255	3. 604	3. 925	4. 163	4. 559	4. 924	5. 372
	城镇化率（%）	46. 84	48. 51	49. 76	51. 04	52. 43	53. 96	55. 49	56. 73
	外贸进出口总值（百亿美元）	11. 531	12. 661	14. 382	16. 578	16. 510	15. 007	18. 073	21. 054
	国际旅游收入（亿美元）	35. 49	41. 79	42. 27	44. 36	53. 59	60. 04	69. 11	—
西南地区	地区生产总值（万亿元）	5. 735	6. 548	7. 354	8. 055	8. 670	9. 556	10. 485	11. 408
	一般预算财政收入（万亿元）	0. 637	0. 764	0. 861	0. 947	1. 034	1. 055	1. 095	1. 158
	人均地区生产总值（万元/人）	2. 419	2. 746	3. 066	3. 341	3. 569	3. 904	4. 255	4. 600
	城镇化率（%）	41. 46	43. 33	44. 65	46. 09	47. 53	49. 11	50. 65	51. 69
	外贸进出口总值（百亿美元）	12. 120	16. 948	19. 969	24. 656	21. 346	18. 529	22. 420	26. 881
	国际旅游收入（亿美元）	43. 57	53. 61	62. 00	63. 94	76. 73	87. 60	96. 23	—

续表

区域	指标	2011 年	2012 年	2013 年	2014 年	2015 年	2016 年	2017 年	2018 年
大西北地区	地区生产总值（万亿元）	1.601	1.809	2.029	2.209	2.247	2.374	2.572	2.849
	一般预算财政收入（万亿元）	0.160	0.197	0.236	0.267	0.285	0.287	0.313	0.335
	人均地区生产总值（万元/人）	2.548	2.854	3.175	3.423	3.436	3.594	3.846	4.216
	城镇化率（%）	40.84	41.82	42.83	44.42	45.76	47.06	48.46	49.78
	外贸进出口总值（百亿美元）	3.612	4.087	4.574	4.572	3.421	3.003	3.195	3.121
	国际旅游收入（亿美元）	6.45	7.08	7.65	6.95	8.06	8.17	11.05	—

资料来源：根据各省、自治区、直辖市数据汇总和计算。

二、建立加权灰靶决策模型

八大经济区域数据 2017 年数据如表 6 - 11 所示。以表 6 - 11 的 2017 年指标数据为例，建立加权灰靶决策模型。因数据量级差异较大，使用 Max 公式$\frac{x}{X_{max}}$对原始数据进行归一化处理，数据归一化结果如表 6 - 12 所示。

表 6 - 11　　八大经济区域 2017 年指标数据

地区	地区生产总值（万亿元）	一般预算财政收入（万亿元）	人均地区生产总值（万元/人）	城镇化率（%）	外贸进出口总值（百亿美元）	国际旅游收入（亿美元）
东北地区	5.426	0.485	4.989	61.96	13.709	30.23
北部沿海地区	15.321	1.707	7.209	62.89	75.134	126.34

续表

地区	地区生产总值（万亿元）	一般预算财政收入（万亿元）	人均地区生产总值（万元/人）	城镇化率（%）	外贸进出口总值（百亿美元）	国际旅游收入（亿美元）
东部沿海地区	16.827	2.062	10.449	71.34	144.488	144.8
南部沿海地区	12.635	1.48	7.894	67.93	118.807	282.29
黄河中游地区	9.808	0.898	4.998	54.34	14.889	49.62
长江中游地区	11.641	1.107	4.924	55.49	18.073	69.11
西南地区	10.485	1.095	4.255	50.65	22.42	96.23
大西北地区	2.572	0.313	3.846	48.46	3.195	11.05

表 6－12　　八大经济区域 2017 年指标数据归一化

地区	地区生产总值	一般预算财政收入	人均地区生产总值	城镇化率	外贸进出口总值	国际旅游收入
东北地区	0.322	0.235	0.477	0.869	0.095	0.107
北部沿海地区	0.911	0.828	0.690	0.882	0.520	0.448
东部沿海地区	1.000	1.000	1.000	1.000	1.000	0.513
南部沿海地区	0.751	0.718	0.755	0.952	0.822	1.000
黄河中游地区	0.583	0.436	0.478	0.762	0.103	0.176
长江中游地区	0.692	0.537	0.471	0.778	0.125	0.245
西南地区	0.623	0.531	0.407	0.710	0.155	0.341
大西北地区	0.153	0.152	0.368	0.679	0.022	0.039

各指标为效益型，取各指标最优值为靶心，即 $r_0=(1, 1, 1, 1, 1, 1)$。

指标权重，$\omega=(0.4, 0.2, 0.15, 0.1, 0.1, 0.05)$。

应用加权灰靶决策模型，可求得 2017 年八大经济区域综合经济竞争力靶心距为：

D_{2017} =（0.682，0.252，0.109，0.230，0.542，0.483，0.505，0.802）

因靶心为最优值，则距离靶心越小，结果最优，2017 年八大经济区域综合经济竞争力排序为：东部沿海地区 > 南部沿海地区 > 北部沿海地区 > 长江中游地区 > 西南地区 > 黄河中游地区 > 东北地区 > 大西北地区。

同理，可计算 2011 ~ 2016 年与 2018 年八大经济区域靶心距，结果汇总如表 6 – 13 所示。

表 6 – 13　八大经济区域 2011 ~ 2018 年综合经济竞争力靶心距

地区	2011 年	2012 年	2013 年	2014 年	2015 年	2016 年	2017 年	2018 年
东北地区	0.569	0.556	0.560	0.583	0.627	0.671	0.682	0.658
北部沿海地区	0.209	0.199	0.196	0.207	0.230	0.240	0.252	0.224
东部沿海地区	0.025	0.036	0.086	0.079	0.071	0.107	0.109	0.000
南部沿海地区	0.263	0.254	0.244	0.236	0.238	0.237	0.230	0.230
黄河中游地区	0.517	0.502	0.500	0.505	0.522	0.539	0.542	0.503
长江中游地区	0.520	0.498	0.487	0.479	0.478	0.482	0.483	0.449
西南地区	0.546	0.517	0.503	0.495	0.499	0.506	0.505	0.481
大西北地区	0.801	0.793	0.787	0.785	0.794	0.802	0.802	0.770

注：因缺少 2018 年国际旅游收入数据，2018 年靶心距去除国际旅游收入指标，其他指标权重保持不变，不影响排序结果。

八大经济区域 2011 ~ 2018 年综合经济竞争力靶心距变化趋势如图 6 – 1 所示。按照靶心距越小，综合经济竞争力越强原则，对八大经济区域 2011 ~ 2018 年综合经济竞争力进行排序，结果如表 6 – 14 所示。从表 6 – 14 可知，2011 ~ 2018 年，东部沿海地区综合经济竞争力稳居第一；北部沿海地区与南部沿海地区为第二梯队，交替领先；长江中游地区、西南地区、黄河中游地区为第三梯队，长江中游地区与西南地区各前进1位，黄河中游地区下降2位；东北地区与大西北地区为第四梯队。

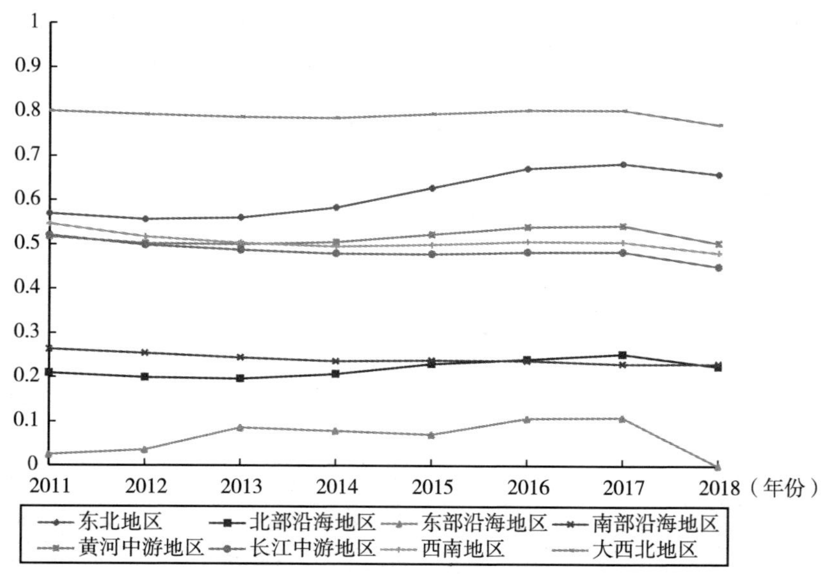

图 6-1　2011~2018 年八大经济区域综合经济竞争力靶心距

表 6-14　八大经济区域 2011~2018 年综合经济竞争力排序

地区	2011 年	2012 年	2013 年	2014 年	2015 年	2016 年	2017 年	2018 年
东北地区	7	7	7	7	7	7	7	7
北部沿海地区	2	2	2	2	2	3	3	2
东部沿海地区	1	1	1	1	1	1	1	1
南部沿海地区	3	3	3	3	3	2	2	3
黄河中游地区	4	5	5	6	6	6	6	6

续表

地区	2011 年	2012 年	2013 年	2014 年	2015 年	2016 年	2017 年	2018 年
长江中游地区	5	4	4	4	4	4	4	4
西南地区	6	6	6	5	5	5	5	5
大西北地区	8	8	8	8	8	8	8	8

第二节　低碳生态经济发展水平评价

一、背景与数据

低碳经济是以低能耗、低污染、低排放为基础的经济模式，是人类社会继农业文明、工业文明之后的又一次重大进步。第十九届中央委员会第四次全体会议提出，坚持和完善生态文明制度体系，促进人与自然和谐共生。必须践行绿水青山就是金山银山的理念，坚持节约资源和保护环境的基本国策，坚持节约优先、保护优先、自然恢复为主的方针，坚定走生产发展、生活富裕、生态良好的文明发展道路，建设美丽中国。参照余丽生（2011）、郑红霞（2013）等相关指标体系，考虑统计数据的易获得性，构建本研究区域低碳生态经济评价指标体系如表 6－15 所示，包括 2 个一级指标和 7 个二级指标。

表 6－15　　　　区域低碳生态经济发展评价指标体系

一级指标	二级指标名称	单位	权重
资源消耗（0.5）	用地强度（单位建成区区面积地区生产总值）	亿元/平方公里	0.20
	用水强度（单位地区生产总值用水量）	立方米/万元	0.15
	用电强度（单位地区生产总值用电量）	千瓦时/万元	0.15

续表

一级指标	二级指标名称	单位	权重
污染排放（0.5）	废水排放强度（单位地区生产总值废水排放量）	吨/万元	0.20
	二氧化硫排放强度（单位地区生产总值二氧化硫排放量）	千克/万元	0.10
	氮氧化物排放强度（单位地区生产总值氮氧化物排放量）	千克/万元	0.10
	烟（粉）尘排放强度（单位地区生产总值烟（粉）尘排放量）	千克/万元	0.10
合计			1.00

各省、自治区、直辖市地区生产总值如表4－1所示，建成区面积如表6－16所示，用电量如表4－13所示，用水量如表6－17所示，废水排放量如表6－18所示，二氧化硫排放量见表6－19所示。氮氧化物排放量如表6－20所示，烟（粉）尘排放量如表6－21所示。

表6－16　各省、自治区、直辖市2011～2017年城市建成区面积

单位：平方公里

地区	2011年	2012年	2013年	2014年	2015年	2016年	2017年
北京市	1231	1261	1306	1386	1401	1420	1446
天津市	711	722	747	797	885	1008	1088
河北省	1685	1739	1787	1833	1944	2056	2120
山西省	957	1014	1041	1097	1123	1158	1178
内蒙古自治区	1077	1133	1206	1185	1225	1242	1269
辽宁省	2277	2329	2386	2422	2462	2798	2644
吉林省	1271	1294	1344	1363	1399	1426	1452

续表

地区	2011 年	2012 年	2013 年	2014 年	2015 年	2016 年	2017 年
黑龙江省	1679	1725	1758	1785	1772	1810	1820
上海市	999	999	999	999	999	999	999
江苏省	3494	3655	3810	4020	4189	4299	4427
浙江省	2221	2296	2399	2489	2591	2673	2829
安徽省	1598	1696	1777	1835	1926	2002	2039
福建省	1130	1203	1263	1326	1414	1469	1517
江西省	1020	1078	1151	1201	1296	1371	1454
山东省	3751	3927	4187	4400	4609	4795	4971
河南省	2098	2219	2289	2375	2503	2544	2685
湖北省	1812	1890	2007	2078	2197	2249	2341
湖南省	1408	1465	1505	1540	1573	1626	1709
广东省	4829	5026	5232	5398	5633	5808	5911
广西壮族自治区	1014	1084	1154	1193	1275	1334	1414
海南省	238	266	296	303	338	321	324
重庆市	1035	1052	1115	1231	1329	1351	1423
四川省	1788	1902	2058	2217	2282	2616	2832
贵州省	508	586	695	724	789	845	986
云南省	804	860	936	977	1060	1131	1142
西藏自治区	90	120	120	126	145	145	148
陕西省	809	864	915	968	1073	1127	1287
甘肃省	656	682	727	779	834	870	869
青海省	122	122	157	166	194	197	200
宁夏回族自治区	371	400	421	441	455	442	458
新疆维吾尔自治区	922	960	1065	1118	1185	1199	1244

资料来源：国家统计局《国家数据—地区数据》省、自治区、直辖市数据汇总，http：//data. stats. gov. cn/easyquery. htm？cn = C02。

表 6-17　各省、自治区、直辖市 2011~2017 年用水总量

单位：亿立方米

地区	2011 年	2012 年	2013 年	2014 年	2015 年	2016 年	2017 年
北京市	35.96	35.88	36.38	37.49	38.2	38.8	39.5
天津市	23.09	23.13	23.76	24.09	25.7	27.2	27.5
河北省	195.97	195.33	191.29	192.82	187.2	182.6	181.6
山西省	74.18	73.39	73.77	71.37	73.6	75.5	74.9
内蒙古自治区	184.7	184.35	183.22	182.01	185.8	190.3	188
辽宁省	144.53	142.23	142.13	141.77	140.8	135.4	131.1
吉林省	131.24	129.82	131.48	132.98	133.6	132.5	126.7
黑龙江省	352.36	358.9	362.3	364.13	355.3	352.6	353.1
上海市	124.5	115.98	123.21	105.92	103.8	104.8	104.8
江苏省	556.17	552.24	576.69	591.29	574.5	577.4	591.3
浙江省	198.54	198.12	198.33	192.87	186.1	181.1	179.5
安徽省	294.63	292.64	296.02	272.09	288.7	290.7	290.3
福建省	208.82	200.08	204.83	205.63	201.3	189.1	192
江西省	262.86	242.54	264.81	259.3	245.8	245.4	248
山东省	224.04	221.79	217.95	214.52	212.8	214	209.5
河南省	229.05	238.61	240.57	209.28	222.8	227.6	233.8
湖北省	296.7	299.29	291.8	288.34	301.3	282	290.3
湖南省	326.47	328.8	332.49	332.41	330.4	330.4	326.9
广东省	464.22	451.02	443.16	442.54	443.1	435	433.5
广西壮族自治区	301.81	303.01	308.16	307.6	299.3	290.6	284.9
海南省	44.48	45.33	43.16	45.02	45.8	45	45.6
重庆市	86.82	82.94	83.9	80.47	79	77.5	77.4
四川省	233.47	245.92	242.47	236.87	265.5	267.3	268.4
贵州省	95.93	100.82	92	95.31	97.5	100.3	103.5
云南省	146.79	151.83	149.71	149.41	150.1	150.2	156.6

续表

地区	2011 年	2012 年	2013 年	2014 年	2015 年	2016 年	2017 年
西藏自治区	30.96	29.81	30.31	30.47	30.8	31.1	31.4
陕西省	87.76	88.04	89.21	89.81	91.2	90.8	93
甘肃省	122.89	123.07	121.99	120.57	119.2	118.4	116.1
青海省	31.15	27.41	28.2	26.34	26.8	26.4	25.8
宁夏回族自治区	73.61	69.35	72.13	70.31	70.4	64.9	66.1
新疆维吾尔自治区	523.5	590.14	588.04	581.82	577.2	565.4	552.3

资料来源：国家统计局《国家数据—地区数据》省、自治区、直辖市数据汇总，http://data.stats.gov.cn/easyquery.htm? cn = C02。

表 6-18　各省、自治区、直辖市 2011～2017 年废水排放量　单位：亿吨

地区	2011 年	2012 年	2013 年	2014 年	2015 年	2016 年	2017 年
北京市	14.547	14.027	14.458	15.071	15.173	16.642	13.319
天津市	6.715	8.281	8.421	8.936	9.301	9.153	9.079
河北省	27.855	30.577	31.092	30.982	31.057	28.879	25.369
山西省	11.613	13.430	13.803	14.503	14.525	13.929	13.506
内蒙古自治区	10.039	10.242	10.692	11.192	11.086	10.470	10.425
辽宁省	23.225	23.877	23.451	26.288	26.004	22.820	23.797
吉林省	11.616	11.951	11.770	12.217	12.691	9.707	12.146
黑龙江省	15.066	16.259	15.309	14.964	14.859	13.833	13.812
上海市	21.416	21.924	22.296	22.116	22.415	22.076	21.195
江苏省	59.277	59.821	59.436	60.116	62.130	61.662	57.520
浙江省	42.013	42.096	41.912	41.826	43.382	43.086	45.394
安徽省	24.327	25.433	26.623	27.231	28.063	24.067	23.384
福建省	31.618	25.626	25.910	26.058	25.687	23.702	23.828
江西省	19.443	20.119	20.714	20.829	22.323	22.109	18.936
山东省	44.333	47.910	49.457	51.442	55.991	50.759	49.988

续表

地区	2011 年	2012 年	2013 年	2014 年	2015 年	2016 年	2017 年
河南省	37.878	40.367	41.258	42.283	43.349	40.206	40.911
湖北省	29.306	29.020	29.405	30.170	31.378	27.479	27.269
湖南省	27.881	30.421	30.723	30.996	31.411	29.876	30.056
广东省	78.559	83.855	86.247	90.508	91.152	93.826	88.202
广西壮族自治区	22.244	24.558	22.530	21.930	22.007	19.319	19.814
海南省	3.573	3.710	3.616	3.935	3.912	4.410	4.408
重庆市	13.145	13.243	14.254	14.582	14.980	20.206	20.068
四川省	27.985	28.366	30.765	33.128	34.161	35.283	36.244
贵州省	7.793	9.146	9.309	11.091	11.280	10.072	11.802
云南省	14.752	15.401	15.658	15.754	17.333	18.109	18.511
西藏自治区	0.463	0.468	0.500	0.545	0.588	0.614	0.718
陕西省	12.181	12.875	13.217	14.579	16.812	16.657	17.595
甘肃省	5.923	6.281	6.497	6.597	6.707	6.633	6.451
青海省	2.129	2.199	2.195	2.300	2.366	2.728	2.712
宁夏回族自治区	3.943	3.895	3.853	3.728	3.203	3.395	3.074
新疆维吾尔自治区	8.333	9.381	10.072	10.275	9.995	9.391	10.129

资料来源：国家统计局《国家数据—地区数据》省、自治区、直辖市数据汇总，http：//data. stats. gov. cn/easyquery. htm？ cn = C02。

表 6－19　各省、自治区、直辖市 2011～2017 年二氧化硫排放量

单位：万吨

地区	2011 年	2012 年	2013 年	2014 年	2015 年	2016 年	2017 年
北京市	9.788	9.385	8.704	7.891	7.117	3.321	2.009
天津市	23.090	22.452	21.683	20.920	18.590	7.061	5.564
河北省	141.210	134.120	128.470	118.990	110.840	78.944	60.237
山西省	139.910	130.180	125.540	120.820	112.060	68.644	57.308

续表

地区	2011 年	2012 年	2013 年	2014 年	2015 年	2016 年	2017 年
内蒙古自治区	140. 940	138. 490	135. 870	131. 240	123. 090	62. 574	54. 625
辽宁省	112. 620	105. 870	102. 700	99. 460	96. 877	50. 770	38. 971
吉林省	41. 319	40. 348	38. 145	37. 226	36. 293	18. 807	16. 611
黑龙江省	52. 190	51. 430	48. 909	47. 225	45. 633	33. 822	29. 366
上海市	24. 010	22. 822	21. 585	18. 815	17. 084	7. 425	1. 850
江苏省	105. 380	99. 197	94. 168	90. 474	83. 506	57. 012	41. 069
浙江省	66. 205	62. 577	59. 336	57. 401	53. 783	26. 838	19. 047
安徽省	52. 947	51. 959	50. 135	49. 297	48. 007	28. 157	23. 542
福建省	38. 917	37. 125	36. 100	35. 596	33. 788	18. 926	13. 389
江西省	58. 406	56. 769	55. 770	53. 441	52. 806	27. 689	21. 546
山东省	182. 740	174. 880	164. 500	159. 020	152. 570	113. 450	73. 912
河南省	137. 050	127. 590	125. 400	119. 820	114. 430	41. 362	28. 632
湖北省	66. 564	62. 237	59. 935	58. 376	55. 136	28. 560	22. 006
湖南省	68. 553	64. 496	64. 132	62. 369	59. 547	34. 677	21. 458
广东省	84. 773	79. 922	76. 190	73. 015	67. 834	35. 369	27. 677
广西壮族自治区	52. 102	50. 412	47. 199	46. 659	42. 120	20. 106	17. 732
海南省	3. 257	3. 414	3. 241	3. 256	3. 230	1. 696	1. 427
重庆市	58. 693	56. 478	54. 769	52. 694	49. 580	28. 834	25. 338
四川省	90. 201	86. 444	81. 671	79. 640	71. 758	48. 827	38. 914
贵州省	110. 430	104. 110	98. 642	92. 579	85. 296	64. 706	68. 747
云南省	69. 123	67. 222	66. 309	63. 668	58. 374	52. 621	38. 445
西藏自治区	0. 418	0. 418	0. 419	0. 425	0. 537	0. 541	0. 346
陕西省	91. 684	84. 376	80. 615	78. 095	73. 502	31. 801	27. 936
甘肃省	62. 390	57. 249	56. 198	57. 565	57. 062	27. 198	25. 881
青海省	15. 660	15. 385	15. 669	15. 428	15. 077	11. 369	9. 242
宁夏回族自治区	41. 039	40. 663	38. 971	37. 706	35. 760	23. 686	20. 752
新疆维吾尔自治区	76. 306	79. 613	82. 943	85. 298	77. 833	48. 069	41. 818

资料来源：国家统计局《国家数据—地区数据》省、自治区、直辖市数据汇总，http：//data. stats. gov. cn/easyquery. htm？ cn = C02。

表 6-20　各省、自治区、直辖市 2011～2017 年氮氧化物排放量

单位：万吨

地区	2011 年	2012 年	2013 年	2014 年	2015 年	2016 年	2017 年
北京市	18. 832	17. 749	16. 633	15. 096	13. 763	9. 612	14. 451
天津市	35. 890	33. 422	31. 172	28. 230	24. 680	14. 475	14. 226
河北省	180. 110	176. 110	165. 250	151. 250	135. 080	112. 660	105. 600
山西省	128. 600	124. 400	115. 780	106. 990	93. 075	67. 279	52. 104
内蒙古自治区	142. 190	141. 890	137. 760	125. 830	113. 900	64. 534	50. 546
辽宁省	106. 280	103. 630	95. 538	90. 196	82. 812	61. 526	60. 506
吉林省	60. 472	57. 585	56. 052	54. 925	50. 166	30. 072	25. 536
黑龙江省	78. 375	78. 061	75. 159	73. 058	64. 481	53. 968	40. 959
上海市	43. 540	40. 162	38. 035	33. 279	30. 062	16. 632	19. 394
江苏省	153. 570	147. 960	133. 800	123. 260	106. 760	93. 032	90. 722
浙江省	85. 905	80. 885	75. 298	68. 785	60. 770	38. 040	43. 203
安徽省	95. 911	92. 127	86. 367	80. 730	72. 101	50. 762	49. 001
福建省	49. 451	46. 721	43. 834	41. 166	37. 902	26. 184	27. 716
江西省	61. 234	57. 710	57. 041	54. 011	49. 269	41. 927	35. 544
山东省	179. 030	173. 900	165. 130	159. 330	142. 390	122. 940	115. 860
河南省	166. 540	162. 590	156. 560	142. 200	126. 240	80. 828	66. 289
湖北省	66. 965	64. 001	61. 239	58. 022	51. 446	39. 137	37. 673
湖南省	66. 637	60. 721	58. 816	55. 277	49. 693	42. 064	36. 466
广东省	138. 820	130. 340	120. 420	112. 210	99. 690	84. 266	82. 970
广西壮族自治区	49. 401	49. 826	50. 431	44. 240	37. 344	30. 290	34. 559
海南省	9. 539	10. 339	10. 025	9. 500	8. 952	6. 200	6. 013
重庆市	40. 262	38. 267	36. 204	35. 502	32. 072	21. 772	20. 395
四川省	67. 485	65. 900	62. 431	58. 544	52. 588	45. 098	45. 760
贵州省	55. 319	56. 354	55. 729	49. 107	41. 914	37. 789	35. 967
云南省	54. 852	54. 435	52. 367	49. 888	44. 937	44. 694	26. 883

续表

地区	2011 年	2012 年	2013 年	2014 年	2015 年	2016 年	2017 年
西藏自治区	4.062	4.431	4.433	4.834	5.273	5.523	3.015
陕西省	83.175	80.813	75.890	70.576	62.737	38.030	33.980
甘肃省	48.086	47.338	44.293	41.840	38.727	25.799	21.254
青海省	12.412	12.606	13.226	13.452	11.786	9.416	7.229
宁夏回族自治区	45.817	45.540	43.744	40.403	36.763	19.784	16.165
新疆维吾尔自治区	75.509	81.948	88.693	86.279	73.650	59.976	38.835

资料来源：国家统计局《国家数据—地区数据》省、自治区、直辖市数据汇总，http：//data.stats.gov.cn/easyquery.htm？cn = C02。

表 6 – 21　　各省、自治区、直辖市 2011 ~ 2017 年烟（粉）尘排放量

单位：万吨

地区	2011 年	2012 年	2013 年	2014 年	2015 年	2016 年	2017 年
北京市	6.585	6.683	5.929	5.737	4.939	3.454	2.042
天津市	7.592	8.406	8.746	13.951	10.069	7.814	6.519
河北省	132.250	123.590	131.330	179.770	157.540	125.680	80.369
山西省	112.990	107.090	102.670	150.680	144.890	68.149	43.376
内蒙古自治区	73.988	83.301	82.213	102.150	87.875	59.898	53.619
辽宁省	69.316	72.626	67.059	112.070	100.000	64.909	55.746
吉林省	43.218	26.476	32.019	47.513	44.733	21.866	19.565
黑龙江省	65.587	69.928	72.245	79.355	64.406	44.706	40.223
上海市	8.983	8.715	8.093	14.165	12.067	7.946	4.703
江苏省	52.735	44.321	49.996	76.368	65.450	47.171	39.082
浙江省	32.332	25.403	31.975	37.967	33.025	18.232	15.342
安徽省	45.222	46.206	41.862	65.278	54.592	32.130	28.082
福建省	22.534	25.264	25.936	36.790	34.166	23.787	17.017
江西省	39.604	35.737	35.627	46.233	48.062	33.306	27.946

续表

地区	2011 年	2012 年	2013 年	2014 年	2015 年	2016 年	2017 年
山东省	78.385	69.527	69.673	120.810	108.250	87.383	54.956
河南省	66.822	59.982	64.127	88.210	84.613	42.889	22.340
湖北省	34.615	34.966	35.952	50.401	44.697	27.581	18.802
湖南省	38.444	34.072	35.867	49.617	45.450	26.207	20.706
广东省	32.426	32.825	35.397	44.955	34.779	28.169	26.084
广西壮族自治区	28.829	29.972	28.947	40.293	35.587	26.191	20.910
海南省	1.582	1.661	1.800	2.317	2.040	2.075	2.093
重庆市	18.097	18.227	19.120	22.613	20.908	9.580	8.330
四川省	38.590	29.584	29.600	42.863	41.257	27.268	22.400
贵州省	30.347	29.450	30.130	37.786	28.559	20.433	19.683
云南省	38.224	39.065	38.690	36.682	31.256	24.763	22.415
西藏自治区	1.004	0.659	0.675	1.389	1.709	1.653	0.657
陕西省	46.343	46.205	53.774	70.914	60.365	28.743	23.669
甘肃省	23.619	20.757	22.657	34.581	29.544	18.032	17.707
青海省	13.834	15.639	17.376	23.987	24.602	14.855	12.953
宁夏回族自治区	21.547	19.834	23.062	23.917	22.991	20.117	18.772
新疆维吾尔自治区	53.191	69.613	75.591	81.392	59.592	45.673	50.154

资料来源：国家统计局《国家数据—地区数据》省、自治区、直辖市数据汇总，http：//data. stats. gov. cn/easyquery. htm? cn = C02。

八大经济区域2011～2017年地区生产总值如表4－2所示，建成区面积如表6－22所示，电力消费量如表4－14所示，用水量如表6－23所示，废水排放量如表6－24所示，二氧化硫排放量如表6－25所示，氮氧化物排放量如表6－26所示，烟（粉）尘排放量如表6－27所示。

表 6－22　　八大经济区域 2011～2017 年建成区面积　　单位：平方公里

序列	经济区域名称	2011 年	2012 年	2013 年	2014 年	2015 年	2016 年	2017 年
X_1	东北地区	5227	5348	5488	5570	5633	6034	5916
X_2	北部沿海地区	7378	7649	8027	8416	8839	9279	9625
X_3	东部沿海地区	6714	6950	7208	7508	7779	7971	8255
X_4	南部沿海地区	6197	6495	6791	7027	7385	7598	7752
X_5	黄河中游地区	4941	5230	5451	5625	5924	6071	6419
X_6	长江中游地区	5838	6129	6440	6654	6992	7248	7543
X_7	西南地区	5149	5484	5958	6342	6735	7277	7797
X_8	大西北地区	2161	2284	2490	2630	2813	2853	2919

资料来源：根据各省、自治区、直辖市建成区面积数据汇总。

表 6－23　　八大经济区域 2011～2017 年用水量　　单位：亿立方米

序列	经济区域名称	2011 年	2012 年	2013 年	2014 年	2015 年	2016 年	2017 年
X_1	东北地区	628. 13	630. 95	635. 91	638. 88	629. 7	620. 5	610. 9
X_2	北部沿海地区	479. 06	476. 13	469. 38	468. 92	463. 9	462. 6	458. 1
X_3	东部沿海地区	879. 21	866. 34	898. 23	890. 08	864. 4	863. 3	875. 6
X_4	南部沿海地区	717. 52	696. 43	691. 15	693. 19	690. 2	669. 1	671. 1
X_5	黄河中游地区	575. 69	584. 39	586. 77	552. 47	573. 4	584. 2	589. 7
X_6	长江中游地区	1180. 66	1163. 27	1185. 12	1152. 14	1166. 2	1148. 5	1155. 5
X_7	西南地区	864. 82	884. 52	876. 24	869. 66	891. 4	885. 9	890. 8
X_8	大西北地区	782. 11	839. 78	840. 67	829. 51	824. 4	806. 2	791. 7

资料来源：根据各省、自治区、直辖市用水量数据汇总。

表 6－24　　八大经济区域 2011～2017 年废水排放量　　单位：亿吨

序列	经济区域名称	2011 年	2012 年	2013 年	2014 年	2015 年	2016 年	2017 年
X_1	东北地区	49.907	52.087	50.530	53.469	53.555	46.361	49.756
X_2	北部沿海地区	93.450	100.796	103.428	106.432	111.522	105.434	97.755
X_3	东部沿海地区	122.706	123.842	123.644	124.058	127.927	126.824	124.108
X_4	南部沿海地区	113.749	113.192	115.772	120.501	120.751	121.937	116.438
X_5	黄河中游地区	71.712	76.914	78.970	82.557	85.772	81.261	82.437
X_6	长江中游地区	100.957	104.993	107.465	109.227	113.175	103.530	99.646
X_7	西南地区	85.919	90.713	92.515	96.486	99.761	102.988	106.439
X_8	大西北地区	20.792	22.225	23.118	23.445	22.859	22.760	23.083

资料来源：根据各省、自治区、直辖市废水排放量数据汇总。

表 6－25　　八大经济区域 2011～2017 年二氧化硫排放量　　单位：万吨

序列	经济区域名称	2011 年	2012 年	2013 年	2014 年	2015 年	2016 年	2017 年
X_1	东北地区	206.126	197.649	189.759	183.910	178.803	103.398	84.948
X_2	北部沿海地区	356.831	340.838	323.354	306.825	289.111	202.779	141.722
X_3	东部沿海地区	195.595	184.595	175.089	166.690	154.373	91.275	61.966
X_4	南部沿海地区	126.947	120.461	115.531	111.867	104.852	55.991	42.494
X_5	黄河中游地区	509.580	480.635	467.425	449.980	423.086	204.382	168.501
X_6	长江中游地区	246.470	235.460	229.973	223.483	215.497	119.082	88.553
X_7	西南地区	380.547	364.664	348.589	335.240	307.129	215.094	189.176
X_8	大西北地区	195.812	193.329	194.201	196.421	186.269	110.863	98.039

资料来源：根据各省、自治区、直辖市二氧化硫排放量数据汇总。

表 6-26　八大经济区域 2011~2017 年氮氧化物排放量　单位：万吨

序列	经济区域名称	2011 年	2012 年	2013 年	2014 年	2015 年	2016 年	2017 年
X_1	东北地区	245.129	239.279	226.749	218.180	197.460	145.566	127.001
X_2	北部沿海地区	413.862	401.180	378.184	353.903	315.912	259.689	250.145
X_3	东部沿海地区	283.019	269.008	247.137	225.319	197.596	147.704	153.319
X_4	南部沿海地区	197.811	187.403	174.283	162.878	146.544	116.650	116.700
X_5	黄河中游地区	520.503	509.689	485.992	445.591	395.950	250.672	202.920
X_6	长江中游地区	290.747	274.558	263.463	248.041	222.509	173.889	158.685
X_7	西南地区	267.319	264.782	257.163	237.281	208.854	179.643	163.565
X_8	大西北地区	185.885	191.863	194.388	186.809	166.199	120.499	86.499

资料来源：根据各省、自治区、直辖市氮氧化物排放量数据汇总。

表 6-27　八大经济区域 2011~2017 年烟（粉）尘排放量　单位：万吨

序列	经济区域名称	2011 年	2012 年	2013 年	2014 年	2015 年	2016 年	2017 年
X_1	东北地区	178.121	169.029	171.323	238.938	209.143	131.481	115.534
X_2	北部沿海地区	224.810	208.203	215.678	320.267	280.795	224.334	143.886
X_3	东部沿海地区	94.050	78.439	90.063	128.499	110.542	73.348	59.128
X_4	南部沿海地区	56.541	59.749	63.133	84.062	70.985	54.031	45.193
X_5	黄河中游地区	300.138	296.575	302.786	411.953	377.743	199.679	143.004
X_6	长江中游地区	157.885	150.981	149.308	211.528	192.801	119.224	95.536
X_7	西南地区	154.087	146.297	146.488	180.237	157.567	108.234	93.739
X_8	大西北地区	113.194	126.502	139.362	165.265	138.437	100.331	100.244

资料来源：根据各省、自治区、直辖市烟（粉）尘排放量数据汇总。

对照区域低碳生态经济发展水平评价指标体系，将八大经济区域单位地区生产总值（即强度）资源利用与废物排放强度数据汇总，如表 6-28 所示。

表 6－28 八大经济区域 2011～2017 年低碳生态经济发展水平指标数据

区域	指标	2011 年	2012 年	2013 年	2014 年	2015 年	2016 年	2017 年
东北地区	用地强度（亿元/平方公里）	8.682	9.439	9.969	10.318	10.265	8.686	9.172
	用水强度（立方米/万元）	138.416	124.990	116.233	111.168	108.907	118.393	112.588
	用电强度（千瓦时/万元）	725.771	666.561	641.108	620.491	606.333	687.207	694.259
	废水排放强度（吨/万元）	10.998	10.318	9.236	9.304	9.262	8.846	9.170
	二氧化硫排放强度（千克/万元）	4.542	3.915	3.468	3.200	3.092	1.973	1.566
	氮氧化物排放强度（千克/万元）	5.402	4.740	4.145	3.796	3.415	2.777	2.341
	烟（粉）尘排放强度（千克/万元）	3.925	3.348	3.131	4.158	3.617	2.509	2.129
北部沿海地区	用地强度（亿元/平方公里）	13.207	14.036	14.690	14.961	14.975	15.481	15.918
	用水强度（立方米/万元）	49.165	44.349	39.805	37.242	35.048	32.203	29.900
	用电强度（千瓦时/万元）	835.080	788.851	765.086	736.162	758.993	729.793	701.285
	废水排放强度（吨/万元）	9.590	9.389	8.771	8.453	8.426	7.340	6.380
	二氧化硫排放强度（千克/万元）	3.662	3.175	2.742	2.437	2.184	1.412	0.925
	氮氧化物排放强度（千克/万元）	4.247	3.737	3.207	2.811	2.387	1.808	1.633
	烟（粉）尘排放强度（千克/万元）	2.307	1.939	1.829	2.544	2.121	1.562	0.939

续表

区域	指标	2011 年	2012 年	2013 年	2014 年	2015 年	2016 年	2017 年
东部沿海地区	用地强度（亿元/平方公里）	14.987	15.671	16.555	17.159	17.757	19.172	20.384
	用水强度（立方米/万元）	87.379	79.546	75.273	69.089	62.579	56.491	52.035
	用电强度（千瓦时/万元）	868.431	839.675	822.953	767.520	729.324	707.902	685.047
	废水排放强度（吨/万元）	12.195	11.371	10.362	9.630	9.261	8.299	7.376
	二氧化硫排放强度（千克/万元）	1.944	1.695	1.467	1.294	1.118	0.597	0.368
	氮氧化物排放强度（千克/万元）	2.813	2.470	2.071	1.749	1.431	0.967	0.911
	烟（粉）尘排放强度（千克/万元）	0.935	0.720	0.755	0.997	0.800	0.480	0.351
南部沿海地区	用地强度（亿元/平方公里）	11.827	12.260	12.888	13.572	13.879	14.967	16.299
	用水强度（立方米/万元）	97.901	87.458	78.971	72.684	67.337	58.837	53.114
	用电强度（千瓦时/万元）	832.332	804.873	772.715	769.938	725.357	691.701	662.971
	废水排放强度（吨/万元）	15.520	14.215	13.228	12.635	11.781	10.723	9.216
	二氧化硫排放强度（千克/万元）	1.732	1.513	1.320	1.173	1.023	0.492	0.336
	氮氧化物排放强度（千克/万元）	2.699	2.353	1.991	1.708	1.430	1.026	0.924
	烟（粉）尘排放强度（千克/万元）	0.771	0.750	0.721	0.881	0.693	0.475	0.358

续表

区域	指标	2011 年	2012 年	2013 年	2014 年	2015 年	2016 年	2017 年
黄河中游地区	用地强度（亿元/平方公里）	13.163	13.776	14.306	14.784	14.453	14.998	15.280
	用水强度（立方米/万元）	88.513	81.109	75.246	66.435	66.970	64.163	60.124
	用电强度（千瓦时/万元）	1100.260	1054.407	1034.316	1008.291	978.910	960.837	973.022
	废水排放强度（吨/万元）	11.026	10.675	10.127	9.927	10.018	8.925	8.405
	二氧化硫排放强度（千克/万元）	7.835	6.671	5.994	5.411	4.941	2.245	1.718
	氮氧化物排放强度（千克/万元）	8.003	7.074	6.232	5.358	4.625	2.753	2.069
	烟（粉）尘排放强度（千克/万元）	4.615	4.116	3.883	4.954	4.412	2.193	1.458
长江中游地区	用地强度（亿元/平方公里）	11.358	12.167	12.896	13.673	13.899	14.779	15.433
	用水强度（立方米/万元）	178.052	155.997	142.700	126.637	120.004	107.216	99.261
	用电强度（千瓦时/万元）	723.947	681.668	665.635	625.535	600.930	582.173	572.629
	废水排放强度（吨/万元）	15.225	14.080	12.940	12.006	11.646	9.665	8.560
	二氧化硫排放强度（千克/万元）	3.717	3.158	2.769	2.456	2.218	1.112	0.761
	氮氧化物排放强度（千克/万元）	4.385	3.682	3.172	2.726	2.290	1.623	1.363
	烟（粉）尘排放强度（千克/万元）	2.381	2.025	1.798	2.325	1.984	1.113	0.821

续表

区域	指标	2011 年	2012 年	2013 年	2014 年	2015 年	2016 年	2017 年
西南地区	用地强度（亿元/平方公里）	11.138	11.940	12.343	12.701	12.873	13.132	13.447
	用水强度（立方米/万元）	150.797	135.082	119.151	107.965	102.814	92.706	84.959
	用电强度（千瓦时/万元）	998.933	927.108	895.581	855.759	786.033	736.486	721.952
	废水排放强度（吨/万元）	14.982	13.854	12.580	11.978	11.506	10.777	10.152
	二氧化硫排放强度（千克/万元）	6.636	5.569	4.740	4.162	3.542	2.251	1.804
	氮氧化物排放强度（千克/万元）	4.661	4.044	3.497	2.946	2.409	1.880	1.560
	烟（粉）尘排放强度（千克/万元）	2.687	2.234	1.992	2.238	1.817	1.133	0.894
大西北地区	用地强度（亿元/平方公里）	7.409	7.920	8.149	8.399	7.988	8.321	8.811
	用水强度（立方米/万元）	488.513	464.223	414.327	375.514	366.889	339.596	307.815
	用电强度（千瓦时/万元）	1918.513	1944.666	2036.077	2083.142	2152.167	2087.300	2111.477
	废水排放强度（吨/万元）	12.987	12.286	11.394	10.613	10.173	9.587	8.975
	二氧化硫排放强度（千克/万元）	12.231	10.687	9.571	8.892	8.290	4.670	3.812
	氮氧化物排放强度（千克/万元）	11.611	10.606	9.580	8.457	7.396	5.076	3.363
	烟（粉）尘排放强度（千克/万元）	7.070	6.993	6.868	7.481	6.161	4.226	3.897

资料来源：根据八大经济区域数据汇总和计算。

二、建立加权灰靶决策模型

八大经济区域数据2017年数据如表6－28所示。以表6－29的2017年指标数据为例，建立加权灰靶决策模型。因数据量级差异较大，使用Max公式$\frac{x}{X_{max}}$对原始数据进行归一化处理，结果如表6－30所示。

表6－29　八大经济区域2017年指标数据

地区	用地强度（亿元/平方公里）	用水强度（立方米/万元）	用电强度（千瓦时/万元）	废水排放强度（吨/万元）	二氧化硫排放强度（千克/万元）	氮氧化物排放强度（千克/万元）	烟（粉）尘排放强度（千克/万元）
东北地区	9.172	112.588	694.259	9.170	1.566	2.341	2.129
北部沿海地区	15.918	29.900	701.285	6.380	0.925	1.633	0.939
东部沿海地区	20.384	52.035	685.047	7.376	0.368	0.911	0.351
南部沿海地区	16.299	53.114	662.971	9.216	0.336	0.924	0.358
黄河中游地区	15.280	60.124	973.022	8.405	1.718	2.069	1.458
长江中游地区	15.433	99.261	572.629	8.560	0.761	1.363	0.821
西南地区	13.447	84.959	721.952	10.152	1.804	1.560	0.894
大西北地区	8.811	307.815	2111.477	8.975	3.812	3.363	3.897

表6－30　八大经济区域2017年指标数据归一化

地区	用地强度	用水强度	用电强度	废水排放强度	二氧化硫排放强度	氮氧化物排放强度	烟（粉）尘排放强度
东北地区	0.450	0.366	0.329	0.903	0.411	0.696	0.546
北部沿海地区	0.781	0.097	0.332	0.628	0.243	0.486	0.241

续表

地区	用地强度	用水强度	用电强度	废水排放强度	二氧化硫排放强度	氮氧化物排放强度	烟（粉）尘排放强度
东部沿海地区	1.000	0.169	0.324	0.727	0.097	0.271	0.090
南部沿海地区	0.800	0.173	0.314	0.908	0.088	0.275	0.092
黄河中游地区	0.750	0.195	0.461	0.828	0.451	0.615	0.374
长江中游地区	0.757	0.322	0.271	0.843	0.200	0.405	0.211
西南地区	0.660	0.276	0.342	1.000	0.473	0.464	0.229
大西北地区	0.432	1.000	1.000	0.884	1.000	1.000	1.000

用地强度为效益型指标，其他指标为成本型，取各指标最优值为靶心，即 $r_0 = (1, 0, 0, 0, 0, 0, 0)$。

指标权重，$\omega = (0.20, 0.15, 0.15, 0.20, 0.10, 0.10, 0.10)$。

应用加权灰靶决策模型，可求得2017年八大经济区域低碳生态发展水平靶心距为 $D_{2017} = (0.596, 0.377, 0.367, 0.449, 0.509, 0.453, 0.549, 0.906)$。

因靶心为最优值，则距离靶心越小，结果最优，2017年八大经济区域低碳生态发展水平排序为：东部沿海地区 > 南部沿海地区 > 北部沿海地区 > 长江中游地区 > 西南地区 > 黄河中游地区 > 东北地区 > 大西北地区。

同理，可计算2011～2016年八大经济区域靶心距，如表6－31所示。

表 6－31　　八大经济区域 2011～2017 年低碳生态经济发展水平靶心距

地区	2011 年	2012 年	2013 年	2014 年	2015 年	2016 年	2017 年
东北地区	0.485	0.471	0.457	0.480	0.504	0.559	0.596
北部沿海地区	0.377	0.380	0.374	0.378	0.396	0.394	0.377
东部沿海地区	0.411	0.412	0.401	0.387	0.390	0.383	0.367
南部沿海地区	0.502	0.499	0.494	0.492	0.488	0.485	0.449
黄河中游地区	0.538	0.531	0.527	0.537	0.560	0.513	0.509
长江中游地区	0.529	0.520	0.511	0.497	0.510	0.470	0.453
西南地区	0.561	0.548	0.531	0.523	0.525	0.542	0.549
大西北地区	0.889	0.893	0.894	0.891	0.900	0.907	0.906

八大经济区域 2011～2017 年低碳生态经济发展水平靶心距变化趋势如图 6－2 所示。按照靶心距越小，低碳生态经济发展水平越高的原则，对八大经济区域 2011～2017 年低碳生态经济发展水平进行排序，结果如表 6－32 所示。从表 6－32 可知，2011～2017 年，东部沿海地区、北部沿海地区地区具有较高水平，东北地区近年来水平下降很快，大西北地区低碳生态经济发展水平较低。东部沿海地区经济质量较高，北部沿海地区经济发达但受环境与资源约束，均在努力提升低碳生态经济发展水平，大西北地区因能源充裕，能源类产业规模大，低碳生态经济发展水平有待加强。

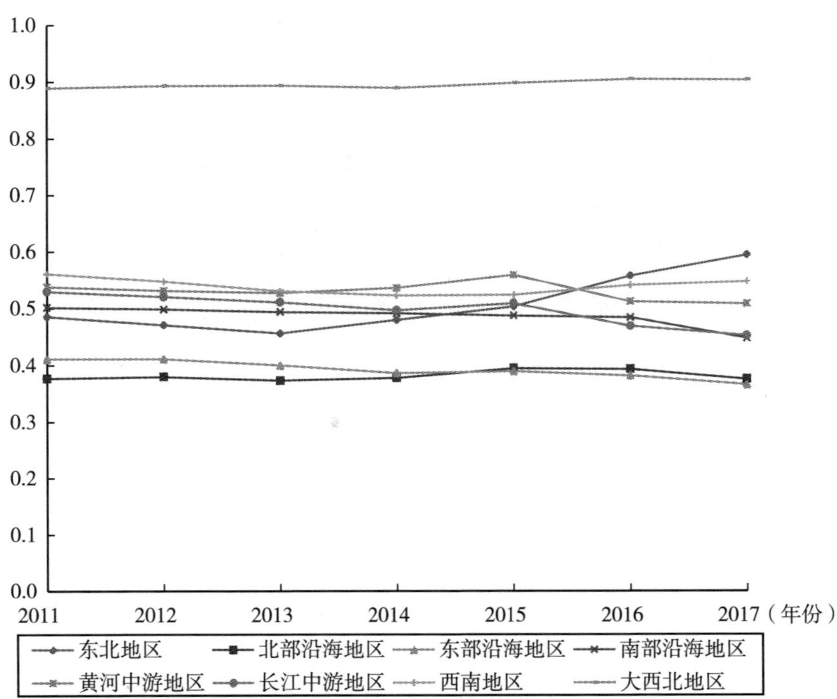

图 6-2 2011~2017 年八大经济区域低碳生态经济发展水平靶心距

表 6-32 八大经济区域 2011~2017 年低碳生态经济发展水平排序

地区	2011 年	2012 年	2013 年	2014 年	2015 年	2016 年	2017 年
东北地区	3	3	3	3	4	7	7
北部沿海地区	1	1	1	1	2	2	2
东部沿海地区	2	2	2	2	1	1	1
南部沿海地区	4	4	4	4	3	4	3
黄河中游地区	6	6	6	7	7	5	5
长江中游地区	5	5	5	5	5	3	4
西南地区	7	7	7	6	6	6	6
大西北地区	8	8	8	8	8	8	8

第三节　本章小结

本章应用加权灰靶决策模型，对八大经济区域综合经济竞争力、低碳生态经济发展水平进行了综合评价。

参考文献

[1] 曹庆奎，刘开第，李继勇．工业企业活力综合评价模型研究 [J]．系统工程理论与实践，2004 (8)：58 -63.

[2] 迟国泰，程砚秋，王丽君．基于灰色聚类的社会评价模型及省辖市的实证 [J]．中国管理科学，2010，18 (6)：185 -192.

[3] 楚岩枫，刘思峰．基于灰色系统理论的我国物流发展规模的预测研究 [J]．管理评论，2008 (3)：58 -62 +64.

[4] 崔玉泉，王儒智，孙建安．产业结构变动对经济增长的影响 [J]．中国管理科学，2000 (3)：54 -57 +48.

[5] 党耀国，刘思峰，刘斌．多指标加权灰靶决策模型的研究 [J]. 2004 中国控制与决策学术年会论文集，2004.

[6] 党耀国，刘思峰，李炳军，陈振，翟振杰．河南省第一产业技术进步贡献率测算 [J]．系统工程理论与实践，2000 (8)：95 -99.

[7] 邓聚龙．社会经济灰色系统的理论与方法 [J]．中国社会科学，1984 (6)：47 -60.

[8] 邓聚龙．灰色控制系统 [J]．华中工学院学报，1982，10 (3)：9 -18.

[9] 邓莉，冉光和．重庆农村金融发展与农村经济增长的灰色关联分析［J］．中国农村经济，2005（8）：52－57＋67.

[10] 董奋义，韩咏梅．基于拓展型灰色绝对关联度的河南省小麦科技进步贡献率测算［J］．中国管理科学，2015，23（S1）：667－671.

[11] 冯玉国．灰色聚类与水质污染综合评价［J］．系统工程理论与实践，1992（6）：46－48.

[12] 高宏，王浣尘，田玉青．灰色理论在黄河系统科技绩效评估中的应用［J］．系统工程理论与实践，1999（5）：115－120.

[13] 郭红莲，侯云先．北京市知识密集型服务业增加值的Markov SCGM（1，1）_C预测模型［J］．系统工程理论与实践，2012，32（2）：292－298.

[14] 国家统计局．沧桑巨变七十载，民族复兴铸辉煌——新中国成立70周年经济社会发展成就系列报告之一［EB/OL］．http：//www.stats.gov.cn/tjsj/zxfb/201907/t20190701_1673407.html.

[15] 国家统计局．经济结构不断升级，发展协调性显著增强——新中国成立70周年经济社会发展成就系列报告之二［EB/OL］．http：//www.stats.gov.cn/tjsj/zxfb/201907/t20190708_1674587.html.

[16] 国家统计局．工业经济跨越发展，制造大国屹立东方——新中国成立70周年经济社会发展成就系列报告之三［EB/OL］．http：//www.stats.gov.cn/tjsj/zxfb/201907/t20190710_1675173.html.

[17] 国家统计局．消费市场日益强大，流通方式创新发展——新中国成立70周年经济社会发展成就系列报告之十一［EB/OL］．http：//www.stats.gov.cn/tjsj/zxfb/201908/t20190802_1688781.html.

[18] 国家统计局. 重大战略扎实推进，区域发展成效显著——新中国成立70周年经济社会发展成就系列报告之十八 [EB/OL]. http：//www. stats. gov. cn/tjsj/zxfb/201908/t20190819_1691881. html.

[19] 国家统计局. 人口总量平稳增长人口素质显著提升——新中国成立70周年经济社会发展成就系列报告之二十 [EB/OL]. http：//www. stats. gov. cn/tjsj/zxfb/201907/t20190710_1675173. html.

[20] 国务院发展研究中心发展战略和区域经济研究部.《中国（大陆）区域社会经济发展特征分析》[EB/OL]. http：//www. drc. gov. cn/gzzlhqyjjyjb/20021213/144 –224 –30474. htm.

[21] 贺仲雄. 测定技术进步对经济增长的模糊、灰色关联方法软件模型 [J]. 科学通报，1991 (6)：479 –480.

[22] 胡必亮. 灰色区域理论概述 [J]. 经济研究，1993 (6)：72 –80.

[23] 华如兴，刘永萍. 新疆生产建设兵团的棉花生产与结构调整 [J]. 数量经济技术经济研究，2001 (9)：32 –35.

[24] 黄世祥，韩景春. 灰色关联层次分析在产业结构调整中的应用 [J]. 数量经济技术经济研究，2001 (4)：107 –110.

[25] 黄兴国. 城市主导特色的评价体系研究与实证分析 [J]. 数量经济技术经济研究，2004 (2)：50 –59.

[26] 季玉群，黄鹍. 旅游业系统经济—文化特性协同关系研究 [J]. 科研管理，2005 (1)：153 –160.

[27] 姜忠孝. 应用灰色系统理论研究产业结构 [J]. 数量经济技术经济研究，1988 (4)：30 –35.

[28] 蒋栋，李婷，李志祥. 自主创新科技政策在河北省的实

施效果评价 [J]. 中国软科学, 2009 (S1): 88 - 92 + 111.

[29] 寇铁军, 金双华. 灰色系统理论在税收预测中的应用研究 [J]. 数量经济技术经济研究, 2001 (12): 86 - 89.

[30] 李翀, 谢秀萍. 含时变时滞函数的GM (1, 1 | τ_i) 模型及其应用 [J]. 系统工程理论与实践, 2019, 39 (6): 1535 - 1549.

[31] 李海超, 王美东. 高技术产业对城市群经济增长的带动作用研究 [J]. 科学学研究, 2019, 37 (6): 1006 - 1012 + 1021.

[32] 李海东, 王帅, 刘阳. 基于灰色关联理论和距离协同模型的区域协同发展评价方法及实证 [J]. 系统工程理论与实践, 2014, 34 (7): 1749 - 1755.

[33] 李佳晓. 基于灰色系统理论的我国牧草供给预测 [A]. 中国农业技术经济研究会. 农业经济问题 (2010 年增刊) [C]. 中国农业技术经济研究会: 中国农业技术经济研究会, 2010: 6.

[34] 李君, 赵英才. 技术经济分析中多目标排序方法的新探索 [J]. 数量经济技术经济研究, 1991 (5): 70 - 71.

[35] 李丽纯. 后现代农业视角下的中国农业现代化效益水平测评 [J]. 农业经济问题, 2013, 34 (12): 7 - 14 + 110.

[36] 李廉水, 杨浩昌, 刘军. 我国区域制造业综合发展能力评价研究——基于东、中、西部制造业的实证分析 [J]. 中国软科学, 2014 (2): 121 - 129.

[37] 李闽榕, 黄茂兴, 李军军. 省域经济综合竞争力预测模型的构建与精确度验证 [J]. 管理世界, 2009 (2): 1 - 11.

[38] 李闽榕. 全国省域经济综合竞争力评价研究 [J]. 管理世

界，2006（5）：52－61.

[39] 李舒翔，黄章树. 信息产业与先进制造业的关联性分析及实证研究［J］. 中国管理科学，2013，21（S2）：587－593.

[40] 梁仕莹，孙东升，杨秀平，刘合光.2008—2020年我国粮食产量的预测分析［J］. 农业经济问题，2008（S1）：132－140.

[41] 刘格，孙慧，张廷龙. 新疆向西开放与经济增长的灰色关联分析［J］. 中国管理科学，2014，22（S1）：623－627.

[42] 刘思峰. 灰色系统理论及其应用（第八版）［M］. 科学出版社，2018.

[43] 刘思峰，王锐兰. 南京市"九五"期间第三产业的灰色关联分析［J］. 南京理工大学学报（社会科学版），2003（5）：55－58.

[44] 刘思峰，袁文峰，盛克勤. 一种新型多目标智能加权灰靶决策模型［J］. 控制与决策，2010（8）：1159－1163.

[45] 刘思峰，党耀国，李炳军，李秀丽，王莲花.G－C－D模型与技术进步贡献率测度［J］. 中国管理科学，1999（2）：76－80.

[46] 刘思峰. 冲击扰动系统预测陷阱与缓冲算子［J］. 华中理工大学学报，1997，25（1）：26－28.

[47] 刘思峰，赵理. 弱化算子与长葛县乡镇企业发展预测［J］. 河南农业大学学报，1990，24（3）：219－222.

[48] 刘新卫. 长江三角洲典型县域农业生态环境质量评价［J］. 系统工程理论与实践，2005（6）：133－138.

[49] 刘长安. 灰色关联理论在我国粮食生产决策中的应用研究［J］. 数量经济技术经济研究，1997（9）：56－58.

[50] 刘贞，朱开伟，阎建明，施於人．产业结构优化下电力行业碳减排潜力分析［J］．管理工程学报，2014，28（2）：87－92＋86.

[51] 卢奇，顾培亮，邱世明．组合预测模型在我国能源消费系统中的建构及应用［J］．系统工程理论与实践，2003（3）：24－30.

[52] 罗庆成，何勇．农业综合生产力的多层次灰关联评估［J］．系统工程理论与实践，1994（4）：75－80.

[53] 罗勇，曹丽莉．三次产业的灰关联矩阵分析［J］．管理科学，2005（6）：82－87.

[54] 吕晓菲，卢小丽．资源型城市绿色增长能力评价研究［J］．科研管理，2016，37（9）：89－97.

[55] 毛宝俤．灰色系统理论在人口预测中的应用——以新疆为例［J］．人口研究，1988（3）：45－47.

[56] 门可佩，曾卫．中国未来50年人口发展预测研究［J］．数量经济技术经济研究，2004（3）：12－17.

[57] 孟伟，曾波．分数阶算子与灰色预测模型研究［M］．北京：科学出版社，2015.

[58] 苗丽安，韩静轩，刘金国．山东农村产业结构灰色关联与GM（1，1）模型研究［J］．数量经济技术经济研究，2003（3）：155－159.

[59] 倪鹏飞．中国城市竞争力报告［M］．北京：中国社会科学出版社，2019.

[60] 聂宏声，王学萌，张沁文，王文德．山西省农村经济灰

色预测［J］. 系统工程学报，1989（1）：77－90.

［61］宁越敏，唐礼智. 城市竞争力的概念和指标体系［J］. 现代城市研究，2001（3）：19－22.

［62］漆艳茹，刘云，侯媛媛. 基于专利影响因素分析的区域创新能力比较研究［J］. 中国管理科学，2013，21（S2）：594－599.

［63］齐志强，张干，齐建国. 进入WTO前后中国制造业部门结构演变研究——基于制造业部门与工业整体经济增长的灰色关联度分析［J］. 数量经济技术经济研究，2011，28（2）：52－63.

［64］钱金平. 人口素质灰色综合评价方法的研究［J］. 中国人口科学，2001（3）：66－69.

［65］冉茂盛，严太华，袁隽. 用灰色模型方法预测我国物价变动趋势［J］. 管理工程学报，1997（3）：184－188.

［66］施红星，刘思峰，方志耕，张娜. 灰色周期关联度模型及其应用研究［J］. 中国管理科学，2008（3）：131－136.

［67］石明明，张小军. 流通产业在国民经济发展中的角色转换：基于灰色关联分析［J］. 财贸经济，2009（2）：115－120＋137.

［68］苏文利. 城市用水量的神经网络预测［J］. 数量经济技术经济研究，2003（7）：131－133.

［69］苏屹，张成功，宋俊娇. 区域经济增长与核能发展相关性及其效率分析［J］. 中国管理科学，2012，20（S2）：900－905.

［70］孙枫林，陈洁. 灰色残差预测校正模型在中国主要通信产品出口值中的应用［J］. 管理工程学报，2000（1）：30.

［71］孙洪禄，罗玉芝，张世国. 东沟县农业经济发展的灰色分析［J］. 系统工程理论与实践，1994（3）：60－65.

[72] 孙见荆. 科技、经济和社会协调发展模型研究 [J]. 中国管理科学, 1996 (2): 13 – 18.

[73] 孙静, 邱菀华. 北京市旅游产业发展战略研究 [J]. 系统工程理论与实践, 2003 (6): 116 – 122.

[74] 孙凯, 李煜华. 我国各省市技术创新效率分析与比较 [J]. 中国科技论坛, 2007 (11): 8 – 11.

[75] 唐恒, 张垒, 李军. 基于面板数据的专利与科技进步关联性研究 [J]. 科研管理, 2011, 32 (1): 147 – 152 + 168.

[76] 田剑英, 黄春旭. 民间资本金融深化与农村经济发展的实证研究——基于浙江省小额贷款公司的试点 [J]. 管理世界, 2013 (8): 167 – 168.

[77] 汪晓梦. 区域性技术创新政策绩效评价的实证研究——基于相关性和灰色关联分析的视角 [J]. 科研管理, 2014, 35 (5): 38 – 43.

[78] 王宏伟, 马光文. 城市用水量预测的灰色代数曲线模型 [J]. 系统工程理论与实践, 1993 (3): 45 – 47.

[79] 王吉发, 张翠, 邱璐. 产业金融效益综合评价指标体系研究 [J]. 科研管理, 2016, 37 (S1): 401 – 408.

[80] 王建林. 宜宾地区粮食产量的灰色模型 (GM) 预测及相关性浅析 [J]. 中国软科学, 1989 (4): 36 – 39.

[81] 王立成, 牛勇平. 科技投入与经济增长: 基于我国沿海三大经济区域的实证分析 [J]. 中国软科学, 2010 (8): 169 – 177.

[82] 王明霞. 道路交通安全与社会经济影响因素的综合关联分析 [J]. 管理世界, 2011 (3): 178 – 179.

[83] 王琪延，罗栋．中国城市旅游竞争力评价体系构建及应用研究——基于我国293个地级以上城市的调查资料［J］．统计研究，2009，26（7）：49-54.

[84] 王文举，李峰．中国工业碳减排成熟度研究［J］．中国工业经济，2015（8）：20-34.

[85] 王学萌．经济增长灰色动态模型及其周期分析［J］．系统工程理论与实践，1993（1）：42-47+28.

[86] 王学萌，穆月英．我国农业持续、稳定、协调发展的灰色评估模型［J］．数量经济技术经济研究，1992（5）：36-43.

[87] 王学萌，郭常莲．农村经济的灰评估模型［J］．中国软科学，1991（2）：16-23.

[88] 王英．基于灰色关联理论的FDI和中国区域经济发展差距研究［J］．系统工程理论与实践，2010，30（3）：426-430.

[89] 王宇熹，汪泓，肖峻．基于灰色GM（1，1）模型的上海城镇养老保险人口分布预测［J］．系统工程理论与实践，2010，30（12）：2244-2253.

[90] 吴隽，薛立．灰色评价方法在电子商务经济增长中的应用研究［J］．中国软科学，2002（5）：107-109.

[91] 吴玉鸣．中国粮食生产主要影响因素的多因素动态关联分析——兼与熊健先生商榷［J］．农业经济问题，1998（1）：38-41.

[92] 武春友，郭玲玲，于惊涛．基于TOPSIS-灰色关联分析的区域绿色增长系统评价模型及实证［J］．管理评论，2017，29（1）：228-239.

[93] 谢乃明，刘思峰．离散GM（1，1）模型与灰色预测模型

建模机理 [J]. 系统工程理论与实践，2005 (1)：93 - 99.

[94] 熊健. 我国耕地水灌溉与粮食产量的灰色关联分析 [J]. 数量经济技术经济研究，1997 (3)：78 - 80.

[95] 熊健. 影响我国粮食生产主要因素的灰色关联动态分析 [J]. 农业经济问题，1997 (1)：42 - 44.

[96] 严于龙. 我国地区经济竞争力比较研究 [J]. 中国软科学，1998，4：39 - 45.

[97] 殷克东，卫梦星. 中国海洋科技发展水平动态变迁测度研究 [J]. 中国软科学，2009 (8)：144 - 154.

[98] 尹春华，顾培亮. 基于灰色序列生成中缓冲算子的能源预测 [J]. 系统工程学报，2003 (2)：189 - 192.

[99] 余丽生，冯建，虞斌. 浙江省低碳经济发展综合评价研究 [J]. 统计研究，2011，28 (10)：111 - 112.

[100] 岳书敬. 中国区域研发效率差异及其影响因素——基于省级区域面板数据的经验研究 [J]. 科研管理，2008，29 (5)：173 - 179.

[101] 张大海，毕研秋，毕研霞，毕研梅，牛兆水，洛鲁宁. 基于串联灰色神经网络的电力负荷预测方法 [J]. 系统工程理论与实践，2004 (12)：128 - 132.

[102] 曾波，尹小勇，孟伟. 实用灰色预测建模方法及其 MATLAB 程序实现 [M]. 北京：科学出版社，2018.

[103] 曾波，孟伟，王正新. 灰色预测系统建模对象拓展研究 [M]. 北京：科学出版社，2014.

[104] 曾波，孟伟. 面向特殊序列的灰色预测建模方法 [M].

重庆：重庆大学出版社，2011.9.

［105］曾波，刘思峰，方志耕，谢乃明．灰色组合预测模型及其应用［J］．中国管理科学，2009，17（5）：150－155.

［106］张可，马成文，丰景春，薛松．基于离散灰色模型的农村水环境政策减排效应及其空间分异性研究［J］．中国管理科学，2017，25（5）：157－166.

［107］张可，曲品品，张隐桃．时滞多变量离散灰色模型及其应用［J］．系统工程理论与实践，2015，35（8）：2092－2103.

［108］张文红，陈森发．农业生态环境灰色综合评价及其支持系统［J］．系统工程理论与实践，2003（11）：119－124＋134.

［109］张玉明，李凯．中国创新产出的空间分布及空间相关性研究——基于1996～2005年省际专利统计数据的空间计量分析［J］．中国软科学，2007（11）：97－103.

［110］张元生，石钢，吴子平，张骏．中国农业预测中的灰色模型［J］．数量经济技术经济研究，1988（4）：36－39.

［111］章杰宽，朱普选．动态粒子群算法优化灰色神经网络的旅游需求预测模型研究［J］．管理评论，2013，25（3）：60－66.

［112］赵景峰，王延荣．高新技术企业创新文化特征与创业绩效关系实证研究［J］．管理世界，2011（12）：184－185.

［113］赵磊，方成．中国省际新型城镇化发展水平地区差异及驱动机制［J］．数量经济技术经济研究，2019，36（5）：44－64.

［114］赵迎军．民工“流动”与粮食价格波动关联性分析［J］．管理世界，2016（6）：176－177.

［115］赵玉林，魏芳．高技术产业发展对经济增长带动作用的

实证分析［J］. 数量经济技术经济研究，2006（6）：44－54.

［116］郑红霞，王毅，黄宝荣. 绿色发展评价指标体系研究综述［J］. 工业技术经济，2013（2）：142－152.

［117］郑岩岩，舒彤，陈收，黎建强. 外商直接投资趋势研究——基于灰色马尔可夫预测模型与时间序列模型的对比［J］. 系统工程理论与实践，2016，36（4）：897－909.

［118］周宏山，吴诣民，路维春. 城市竞争力评价指标与方法研究［J］. 经济问题，2003（12）：2－4.

［119］周茂荣，周念利. 中国出口贸易可持续发展水平实证研究——基于1985～2003年的时间序列数据分析［J］. 数量经济技术经济研究，2005（11）：14－26.

［120］周雄，徐明. 建筑陶瓷产业灰色数学模型的建立和趋势分析［J］. 数量经济技术经济研究，1998（4）：67－70.

［121］朱明皓，窦水海，贾冀. 中国汽车产业技术创新政策效果分析［J］. 科研管理，2017，38（7）：26－36.

［122］Acs Z. J.，Anselin L.，Varga A. Patents and innovation counts as measures of regional production of new knowledge［J］. Research policy，2002，31（7）：1069－1085.

［123］Chi W.，Qian X. The role of education in regional innovation activities：spatial evidence fr om China［J］. Journal of the Asia Pacific economy，2010，15（4）：396－419.

［124］Deng J. L. Control problems of grey systems［J］. Systems & Control Letters，1982，1（5）：288－294.

［125］Eberhart R.，Kennedy J. Particle swarm optimization

[C]//Proceedings of the IEEE international conference on neural networks. 1995, 4: 1942-1948.

[126] Feldman M. P., Florida R. The geographic sources of innovation: technological infrastructure and product innovation in the United States [J]. Annals of the association of American Geographers, 1994, 84 (2): 210-229.

[127] Griliches Z. Patent Statistics as Economic Indicators: A Survey. part 1-2 [M]. National Bureau of Economic Research, 1990.

[128] Moreno R., Paci R.., Usai S. Geographical and sectoral clusters of innovation in Europe [J]. The Annals of Regional Science, 2005, 39 (4): 715-739.

[129] Trajtenberg M. Economic analysis of product innovation: The case of CT scanners [M]. Harvard University Press, 1990.